COMPILADOR

José Antonio Blanco

WOMAN

Wisdom heritage and tribute of love

MUJER

Legado de sabiduría y tributo de amor

English-Español

McGRAW-HILL

MÉXICO • BUENOS AIRES • CARACAS • GUATEMALA • LISBOA • MADRID • NUEVA YORK
PANAMÁ • SAN JUAN • SANTAFÉ DE BOGOTÁ • SANTIAGO • SÃO PAULO
AUCKLAND • HAMBURGO • LONDRES • MILÁN • MONTREAL
NUEVA DELHI • PARÍS • SAN FRANCISCO • SINGAPUR
ST. LOUIS • SIDNEY • TOKIO • TORONTO

Gerente de división: Iliana Gómez Marín
Gerente de marca: Adriana Leal Holohlavsky
Supervisor editorial: Arturo González Yáñez
Supervisor de producción: Juan José García Guzmán
Supervisor de diseño de portada: Alfredo Guillén de la Rosa
Ilustraciones: Carmen Mora Aguilar

MUJER
Legado de sabiduría y tributo de amor

DERECHOS RESERVADOS © 2000, respecto a la primera edición por;
McGRAW-HILL INTERAMERICANA EDITORES, S.A. DE C.V.
A subsidiary of The McGraw-Hill Companies
    Cedro No. 512, Col. Atlampa,
    Delegación Cuauhtémoc,
    C.P. 06450, México, D.F.
    Miembro de la Cámara Nacional de la Industria Editorial Mexicana,
    Reg. No. 736

ISBN 970-10-2816-3

1234567890   09876543210

Impreso en México   Printed in Mexico

Esta obra se terminó de
imprimir en Agosto del 2000 en
Programas Educativos S.A. de C.V.
Calz. Chabacano No. 65-A
Col. Asturias Delg. Cuauhtémoc
C.P. 06850 México, D.F.
Empresa certificada por el Instituto Mexicano
de Normalización y Certificacion A.C. bajo la
Norma ISO-9002 1994/NMX-CC-004 1995 con
El núm. de registro RSC-048

Se tiraron 4,000 ejemplares

To my mother, Antonia

Table of contents
Contenido

Acknowledgements

I am immensely grateful to the people that collaborated in one way or another in the production of this book. Specially, to Iliana Gómez, of McGraw-Hill, who originally suggested the idea of this book. To Adriana Leal Holohlavsky, who has the sufficient patience to deal with such an impatient person like me. Also I would like to give special acknowledgement to Lupita Beltrán, Nayeli Saynes and Teresa Mejía Alfaro for their constant help and their warm smiles. To my friend and colleague Arturo González Yáñez for his daily efforts, his patience and his wisdom, there are many and continuous in him. I am forever in your debt.

I would like to mention my two sisters, Martha and Angie. Both of you have been a model of femininity, strength and prosperity. You have always been in my heart during the process of this book. Also, I am deeply grateful to my mother, Antonia, who gave me life and the inspiration to pursue my dreams into reality.

The author

Agradecimientos

Agradezco inmensamente a las personas que colaboraron de una u otra forma en la elaboración de esta obra. En especial a Iliana Gómez, de McGraw-Hill, quien originalmente me sugirió la idea de este libro. A Adriana Leal Holohlavsky, quien tuvo la suficiente paciencia para tratar a una persona tan exasperante como yo. También doy un agradecimiento especial a Lupita Beltrán, Nayeli Saynes y Teresa Mejía Alfaro por su constante ayuda y sus benévolas sonrisas. A mi amigo y colega Arturo González Yáñez por sus esfuerzos diarios, su paciencia y sus conocimientos, que son muchos pero que suele guardar. Con ellos estoy en eterna deuda.

Me gustaría mencionar a mis dos hermanas, Martha y Angie. Ambas han sido un modelo de feminidad y fuerza para mí. Siempre han estado en mi mente durante la elaboración de este libro. También aprovecho la oportunidad para recordar a Antonia, mi madre, quien me dio la vida y la inspiración para seguir mis sueños.

El autor

Introduction

The collection of international proverbs that are gathered here, is dedicated to the women of the new millennium. Each proverb offers the necessary wisdom so that each woman (wife, mother, daugther, sister, friend and even the mother-in-law) interacts the best way she knows in a world like ours. This is a profound book, which like many others, is to be read and reread, it is also about a warm and humble invitation for all (including men) who read these sayings meditate for a while, with the depth that each person needs for this certain purpose.

I conceived this book as a tribute, in honor to all women for who they are, for what they can be, for all and each of their potentials and possibilities, that fortunately, I have realized over and above my imagination.

It has been my greatest privilege to work on this book. I hope I have done justice, without excluding anyone, to all and every woman from the home to the office who will read these pages. I have thought in everyone of you and I have editated that the brevity, beauty and wisdom of the proverbs that are including here are related with the profoundness that each woman possesses. It is clear to see this. Considering the way that woman live in family, their relationship with friends, the way they take care of their health and beauty, the importance that they give to good manners and finally the many other qualities, like virtue, love, marriage, children and success.

In this book, which is entitled *Woman. Wisdom heritage and tribute of love.* I have collected over 1, 585 proverbs from all walks of life, of all cultures and from all ages. The title, it´s clear, is not a coincidence, but rather brings to light the superiority, the charm, the mysticism and strength of women.

For that reason, I have ordered the chapters in two parts. In the first part I present proverbs that deal primarily with the development of women, and in the second part, the change in the life of the woman as a wife, mother and in general, like a woman who can and often times reaches her goal and success. I hope you the reader, will enjoy and learn from this book.

José Antonio Blanco
Autumn '99

Introducción

La colección de proverbios nacionales e internacionales que aquí presento, está dedicada a las mujeres del nuevo milenio. Cada uno ofrece la sabiduría necesaria para que cualquier mujer (esposa, madre, hija, hermana, amiga y hasta suegra) se desenvuelva de la mejor manera posible en un mundo como éste. Se trata de un texto que, como muchos otros, podrá ser leído y releído a toda hora. También se trata de una cordial y humilde invitación para que todas aquellas personas que lean este libro reflexionen por algún tiempo, y con la profundidad que cada cual necesite, en su propia condición.

Concebí esta obra como un tributo, como un homenaje, para todas las mujeres por lo que son y por lo que pueden ser; por todas y cada una de sus potencialidades que, con toda justicia, nunca hubiese sido capaz de imaginar que tenían. A ellas, amigas, hijas, madres, esposas, a todas por igual, celebro humilde y complacidamente.

Ha sido un privilegio elaborar este libro. Espero haber hecho justicia, sin exclusión alguna, a todas y cada una de las mujeres que en hogares u oficinas leerán estas páginas. He pensado en todas ellas y he reflexionado en que la brevedad, belleza y sabiduría de los proverbios aquí compilados está asociada a la profundidad que ellas mismas poseen. Es relativamente fácil ver esto. Considérese el modo en que las mujeres viven en familia, la manera en que se relacionan con amigas, la forma en que cuidan su salud y belleza, la importancia que atribuyen a los buenos modales y, en fin, las otras muchas cualidades —como las virtudes, el amor, el matrimonio, los hijos y el éxito– que las complementan y de las que ellas mismas son a la vez complemento.

En el presente libro, cuyo título es Mujer. Legado de sabiduría y tributo de amor. *He reunido alrededor de 1,585 proverbios de todos los niveles de vida, de todas las nacionalidades y de todos los tiempos. El título, por supuesto, no es casual, sino que trae a cuento la superioridad, el encanto, el misticismo y la fortaleza de las mujeres.*

He dispuesto el orden de los capítulos en dos partes. En la primera presento los proverbios que plasman el desarrollo de la mujer; en la segunda, en cambio, presento aquellos que retratan su vida mientras busca el éxito y la plenitud. Espero que disfrute y aprenda con la lectura de este libro, que yo he hecho lo propio con lo que aquí ofrezco.

José Antonio Blanco
Otoño del '99

Preface[1]

This book is a collection of a great variety of proverbs that come from different cultures. It is dedicated especially to women, inviting them to reflect on the role that they play in society and mediate about their image and reputation.

Each proverb, with in its determined theme, inspires a vision of the world as a community, suggesting a small truth that can be shared by all. Its true charm is the fascinating discovery of a common idea in so few words that encompasses a universal knowledge by which societies and individuals express themselves. Expression through words that search for order, form or coherence in lives that otherwise would be considered unconnected. In this way, these sayings attempt to stir feelings and images of possible realities. However, we should keep in mind that truth is only relative and it is impossible for words to say it all.

Many have tried to describe women by generalization, as if the multitude of life's experiences could be reduced to only one, as if women shared an immovable essence: everlasting womanhood. On the contrary, speaking of women means speaking in plural, taking into account not only their resemblance and similarities but fundamentally their differences.

From this perspective the reading of these proverbs results in a challenge if, rather than looking for the common point, we find the plurality of opinions

---

[1] Translation by Barbara Benett

and visions that permit us to enlarge the feminine spectrum and discover how, across time and geography women aren't and have never been just one, but many: not only different from men, but even distinct among themselves. Let us remember the proverb: "The role held by women in a society determines its development".

Marina Fe

Prefacio

Este libro reúne una gran variedad de proverbios que surgen de diferentes culturas y está especialmente dedicado a las mujeres, invitándolas a reflexionar acerca del papel que representan en la sociedad y a meditar sobre su relación con los otros, sobre cómo son vistas y nombradas.

Cada proverbio aspira a concentrar la visión del mundo de una comunidad en torno a un tema determinado, proponiendo una pequeña verdad que puede ser compartida por todos. En esto consiste justamente su encanto, ya que resulta fascinante descubrir una idea redonda expresada en tan pocas palabras y que sugiere un conocimiento de alcance universal. Las sociedades y los individuos se explican así mismos a partir de la palabra que busca ordenar, dar forma y coherencia a una vida que, de lo contrario, parecería desarticulada. Así, nombrar implica otorgar sentido y configurar realidades posibles. Sin embargo, debemos tener en mente que toda verdad es relativa, que las palabras no lo dicen todo.

Muchos han intentado describir a las mujeres tratando de homolagarlas, como si la multiplicidad de experiencias de vida pudiera reducirse a una sola, como si las mujeres compartieran una misma esencia inamovible: el femenino eterno. Por el contrario, hablar de las mujeres exige hablar en plural, tomando en cuenta no sólo las afinidades y coincidencias sino, fundamentalmente, las diferencias.

Desde tal perspectiva, la lectura de estos proverbios resulta un reto si, en lugar de buscar en ellos el lugar común, encontramos esa pluralidad de opiniones y de visiones que nos permite ampliar el espectro de lo femenino y descubrir cómo, a lo largo del tiempo y de la geografía, las mujeres no son ni han sido una, sino siempre muchas; no solamente diferentes a los hombres, sino siempre distintas entre sí. Recordemos también que, como dice el proverbio, "La posición de las mujeres en una sociedad proporciona una medida exacta del desarrollo de esa sociedad".

Marina Fe

Part I
Parte I

1

Women
Mujeres

In women, everything is heart, even her head.
American proverb

En las mujeres todo es corazón, incluso la cabeza.
Proverbio americano

1. **Mexican**   Advice from a woman is seldom and he who doesn't take it, is a fool.

   Mexicano   *El consejo de la mujer es poco y quien no lo toma, un loco.*

2. **American**   Sometimes the best man for the job is a woman.

   Americano   *A veces, el mejor hombre para el trabajo es una mujer.*

3. **Spanish**   Women and glass, are always in danger.

   Español   *La mujer y el vidrio, siempre están en peligro.*

4. **German**   A lady of taste prefers talent over appearances.

   Alemán   *Una dama con buen gusto prefiere el talento sobre las apariencias.*

5. **American**   Pride and dignity would belong to women if only men would leave them alone.

   Americano   *El orgullo y la dignidad pertenecerían a las mujeres si al menos los hombres las dejaran en paz.*

6. **Mexican** A woman is like the earth, she should be respected.

   Mexicano *La mujer es como la tierra, hay que respetarla.*

7. **English** Women laugh when they can, and cry when they want.

   Inglés *Las mujeres ríen cuando pueden y lloran cuando quieren.*

8. **Greek** All ladies are said to be kind hearted.

   Griego *Se dice que todas las damas son de corazón noble.*

9. **Italian** A woman who speaks Latin, never has a happy ending.

   Italiano *Mujer que habla latín, nunca tiene buen fin.*

10. **Spanish** She that longs to see, longs also to be seen.

    Español *Ella que anhela ver, anhela también que la vean.*

11. **French** The position of women in a society provides an exact measure of the development of that society.

    Francés *La posición de la mujer en una sociedad proporciona una medida exacta del desarrollo de esa sociedad.*

12. **German**   The fair sex has as much intelligence as the masculine, but it is a fairer intelligence.

    Alemán   *El sexo bello tiene tanta inteligencia como el masculino, pero es una inteligencia bella.*

❧

13. **English**   The home is a jail for the maiden and a workshop for the married woman.

    Inglés   *El hogar es una cárcel para la soltera y un taller para la casada.*

❧

14. **French**   Women are excessive: better or worst than men.

    Francés   *Las mujeres son excesivas: mejores o peores que los hombres.*

❧

15. **English**   The more she saw the less she spoke, the less she spoke the more she heard.

    Inglés   *Entre más vio menos habló, entre menos habló más oyó.*

❧

16. **Chinese**   A woman can't be, until the girl dies.

    Chino   *Una mujer no puede ser tal hasta que la niña muere.*

❧

17. **American**   If a woman interferes with your work, quit work.

    Americano   *Si una mujer interfiere con tu trabajo, déjalo.*

18. **Arabic**   The presence of God in a woman is the most perfect of all creation.

    Árabe   *La presencia de Dios en la mujer es lo más perfecto de toda la creación.*

19. **African**   A woman is a virgen until she has a baby.

    Africano   *Una mujer es virgen hasta que tiene un bebé.*

20. **Spanish**   Each is a princess in her own home.

    Español   *Toda mujer es una princesa en su casa.*

21. **Japanese**   A woman can change your luck.

    Japonés   *Una mujer puede cambiarte la suerte.*

22. **English**   Woman and children first!

    Inglés   *¡Las mujeres y los niños primero!*

23. **Spanish** In the home of a rich woman, she rules and she screams.
    Español   *En casa de una mujer rica, ella manda y grita.*

24. **Jewish** Everyone who is educated in this world is because of a woman.
    Judío   *Todo el que es educado en este mundo, lo es por una mujer.*

25. **Brazilian** Women like to serve but also to be served.
    Brasileño   *A las mujeres les gusta servir pero también ser servidas.*

26. **Egyptian** "Because" is a woman's reason.
    Egipcio   *El "porque" es la razón de la mujer.*

27. **Turkish** A woman is like a diamond, one jewel with many facets.
    Turco   *Una mujer es como un diamante, una joya con muchas facetas.*

28. **Cuban** Women are strong where men are weak.
    Cubano   *Las mujeres son fuertes donde los hombres son débiles.*

29. **American**   Women's liberation is the liberation of the feminine in the man and the masculine in the woman.

    Americano   *La liberación de la mujer es la liberación de lo femenino en el hombre y lo masculino en la mujer.*

30. **Mexican**   Woman is a divine ray of light.

    Mexicano   *La mujer es un rayo de luz divina.*

31. **Colombian**   The ideal woman is she that has no awareness of the years.

    Colombiano   *El ideal de toda mujer es no tener conciencia de los años.*

32. **Swedish**   Every artist has always dedicated a part of his art to a woman.

    Sueco   *Todo artista siempre ha dedicado una parte de su arte a una mujer.*

33. **French**   Oh, to be a young woman in Paris!, can you imagine anything more wonderful?

    Francés   *¡Oh, ser una mujer joven en París!, ¿puedes imaginar algo más maravilloso?*

34. **Mexican** Where there is no skirt, nothing gets done.
    Mexicano *Donde no está la falda, no se hace nada.*

35. **English** Women can't be free until men are free.
    Inglés *Las mujeres no pueden ser libres hasta que los hombres son libres.*

36. **Arabic** All women like to hear nice things said about them.
    Árabe *A todas las mujeres les gusta escuchar cosas bonitas que se dicen sobre ellas.*

37. **Hindu** The majority of people who suffer in this world are women and children.
    Hindú *La mayoría de la gente que sufre en este mundo son mujeres y niños.*

38. **Mexican** A woman should be begged for and not be a beggar.
    Mexicano *Una mujer debiera ser rogada y no rogona.*

39. **Spanish** Ladies with disdain, look fine.
    Español *Las damas con desdén, parecen bien.*

40. **Spanish** Don't make fun of women or money, my friend.
    Español *De la mujer y el dinero no te burles compañero.*

41. **French** The great ambition of women is to inspire love.
    Francés *La gran ambición de las mujeres es inspirar amor.*

42. **Portuguese** Women smell good, when they don't smell of anything.
    Portugués *La mujer huele bien cuando no huele a nada.*

43. **Spanish** Where there is a woman, the poor do not suffer.
    Español *Donde hay una mujer, el pobre no sufre.*

44. **English** A woman has as many lives as a cat.
    Inglés *Una mujer tiene tantas vidas como un gato.*

45. **Jewish**　　Women are always better the following year.

　　Judío　　*Las mujeres son siempre mejores al año siguiente.*

46. **Swedish**　　Who can lower their eyes like a woman and who knows how to raise them like she?

　　Sueco　　*¿Quién puede bajar los ojos como una mujer y quién sabe alzarlos como ella?*

47. **German**　　The lover is milk, the fiancée butter, the wife cheese.

　　Alemán　　*La amada es leche, la novia mantequilla, la esposa queso.*

48. **English**　　When a woman cries there is no sadder song.

　　Inglés　　*Cuando una mujer llora no hay canción más triste.*

49. **French**　　There are certain things that a woman can see with more acuteness than a hundred men.

　　Francés　　*Hay ciertas cosas que una mujer puede ver con más agudeza que cien hombres.*

50. **Japanese**   With only one strand of her hair a woman can drag an elephant.

    Japonés   *Con uno solo de sus cabellos, una mujer puede arrastrar un elefante.*

51. **English**   Sugar and spice and everything nice that is what little girls are made of.

    Inglés   *De azúcar, especias y cosas bonitas, es de lo que están hechas las niñas.*

52. **Latin**   The error of all women is the fault of man.

    Latino   *El error de toda mujer es culpa del hombre.*

53. **Italian**   Women are twice as religious as men, everybody knows that.

    Italiano   *Las mujeres son el doble de religiosas que los hombres, todos lo saben.*

54. **Turkish**   Life is a dancing girl.

    Turco   *La vida es una niña bailando.*

55. **Brazilian**   Curiosity is a woman.

     Brasileño   *La curiosidad es mujer.*

56. **American**   In women, everything is heart, even her head.

     Americano   *En las mujeres todo es corazón, incluso la cabeza.*

57. **German**   The perfect woman is a higher class of humanity than a perfect man, and is also something much rarer.

     Alemán   *La mujer perfecta es una clase más elevada de humanidad que el hombre perfecto, también es algo más raro.*

58. **Russian**   Women always tell the truth, but not all of it.

     Ruso   *Las mujeres dicen siempre la verdad, pero no toda.*

59. **Greek**   Man forgive and forget; women only forgive.

     Griego   *Los hombres perdonan y olvidan; las mujeres sólo perdonan.*

60. **Chinese**   Everything in a woman is a mystery, but everything in her has a solution.

    Chino   *Todo en la mujer es un misterio, pero todo en ella tiene solución.*

61. **German**   Men can say what they want: it is always a woman who dominates them.

    Alemán   *Que digan los hombres lo que quieran: la mujer siempre los domina.*

62. **Mexican**   A cautious woman is worth two.

    Mexicano   *Mujer precavida vale por dos.*

63. **French**   A melon and a woman are hard to choose.

    Francés   *Un melón y una mujer son difíciles de conocer.*

64. **Japanese**   Man is a pine tree, woman a wisteria vine.

    Japonés   *El hombre es un pino, la mujer una enredadera vistosa.*

65. **French**   Fair, good, rich, and wise, is a woman four stories high.

   Francés   *Bella, buena, rica y sabia es una mujer de cuatro pisos de altura.*

66. **Hungarian**   You cannot know a woman until she has become the wearer of a bonnet.

   Húngaro   *No es posible conocer a una mujer hasta que se ha puesto un sombrero.*

67. **Chinese**   Every seed needs time to grow, every woman needs time for herself.

   Chino   *Cada semilla necesita tiempo para crecer, cada mujer necesita tiempo para sí misma.*

68. **English**   Women say that they cannot bear their troubles, but when they face them, they bear them.

   Inglés   *Las mujeres dicen que no pueden aguantar sus problemas, pero cuando los tienen, los soportan.*

69. **Venezuelan** The tears of women make men lose their minds.

    Venezolano *Las lágrimas de las mujeres hacen enloquecer a los hombres.*

70. **Chinese** The glass of a wise woman is always half full, ready to give and ready to receive.

    Chino *La copa de la mujer sabia está siempre a medias, preparada para dar y recibir.*

71. **Spanish** The good woman, turns an empty house into a full one.

    Español *La mujer buena convierte una casa vacía en una llena.*

72. **American** To be a woman is a difficult profession, since it consists primarily in dealing with men.

    Americano *Ser mujer es una profesión difícil dado que consiste principalmente en tratar con hombres.*

73. **Chinese** Women are extraordinary creatures. When you don't have her, she is desired. When you have her, you suffer.

    Chino *Las mujeres son criaturas extraordinarias. Cuando no las tienes, las deseas. Cuando las posees, sufres.*

74. **American**   How fickle is a woman!

    Americano   *¡Qué voluble es la mujer!*

75. **American**   A woman has to be twice as good as a man to get half as far.

    Americano   *Una mujer tiene que ser el doble de buena que un hombre para llegar a la mitad de lejos que él.*

76. **Universal**   Women, you can't live with them, you can't live without them.

    Universal   *Mujeres, no se puede vivir con ellas, no se puede vivir sin ellas.*

77. **Japanese**   Do not trust the splendor of the morning nor the smile of a woman shopkeeper.

    Japonés   *No te fíes del esplendor de la mañana ni de la sonrisa de la tendera.*

78. **American**   A good woman inspires a man, a brilliant woman interests him, a beautiful woman fascinates him, a sympathetic woman gets him.

      Americano   *Una mujer buena inspira a un hombre, una mujer brillante lo interesa, una mujer bella lo fascina, una mujer compasiva lo consigue.*

79. **French**   Everytime a woman is liberated, a family is liberated.

      Francés   *Cada vez que una mujer es liberada, una familia es liberada.*

80. **Chinese**   A woman is never free. First, she is controlled by her father, then her husband, then by her son and finally her grandson.

      Chino   *Una mujer nunca es libre. Primero es controlada por su padre, luego por su marido, después por su hijo y, finalmente, por su nieto.*

81. **Hindu**   A woman is a wife, daughter-in-law, sister- in- law, mother, etc. according to the persons related to her; but she is still the same woman.

      Hindú   *Una mujer es esposa, nuera, cuñada, madre, etcétera, respecto de las personas emparentadas con ella, pero ella es siempre la misma mujer.*

82. **French** Even in the middle of the worst problems, women always conserve the ability to be pleasing.

   Francés *Aun en medio de los mayores disgustos, las mujeres siempre conservan la capacidad de agradar.*

83. **Jewish** God created woman from the ribs of man, so that she not be above him or below, but equal side by side.

   Judío *Dios creó a la mujer de las costillas del hombre, para que ella no esté arriba o abajo de él, sino igual, lado a lado.*

84. **Chinese** Wise women remember their grandmothers, however they follow their own course.

   Chino *Las mujeres sabias recuerdan a sus abuelas, sin embargo siguen su propio camino.*

85. **Italian** Only poets and women know how to deal with money the way it deserves.

   Italiano *No hay más que poetas y mujeres para tratar al dinero como se merece.*

86. **American**   Until a girl is eighteen she needs a good father, until thirty good looks, until fifty a good personality, and after sixty, plenty of money.

Americano   *Hasta que cumple dieciocho años, una niña necesita un buen padre, hasta los treinta buena apariencia, hasta los cincuenta una buena personalidad y después de los sesenta, mucho dinero.*

87. **French**   In critical moments, women with their sensibility, their passion and their intuition, inspire a higher superiority then that of men.

Francés   *En las horas graves, las mujeres por su sensibilidad, su pasión y por su iniciativa, superan en inspiración a los hombres.*

88. **Jewish**   The wise Solomon said, whoever deceives a woman, has no forgiveness from God.

Judío   *Dijo el sabio Salomón, el que engaña a una mujer no tiene perdón de Dios.*

89. **Spanish**   He who lends his woman to dance or his horse to a bullfight, has no right to protest.

Español   *El que presta a la mujer para bailar o el caballo para torear, no tiene qué reclamar.*

90. **Italian**   The wise woman can see a rock and imagine a statue.

    Italiano   *La mujer sabia puede ver una piedra e imaginar la estatua.*

91. **Mexican**   A woman's hair pulls more than a team of horses.

    Mexicano   *Jalan más los cabellos de una mujer que un par de caballos.*

92. **Persian**   Quickly loving a woman means quickly falling out of love.

    Persa   *Amar rápido a una mujer significa no amarla.*

93. **Mexican**   No woman is what the man who loves her thinks she is.

    Mexicano   *Ninguna mujer es lo que el hombre que la ama cree que es.*

94. **French**   It is necessary to choose between either loving a woman or understanding her, there is no middle ground.

    Francés   *Es preciso escoger entre amar a una mujer y comprenderla, no hay término medio.*

95. **Latin**   Women, when they love, give something divine. Such love is like the sun that gives life to nature.

     Latino   *Las mujeres, cuando aman, ponen en el amor algo divino. Tal amor es como el Sol que anima a la naturaleza.*

96. **Swedish**   Intelligent women prefer to be a man's last love.

     Sueco   *Las mujeres inteligentes prefieren ser el último amor de un hombre.*

97. **French**   Love, although it is just an episode in the lives of men, is the entire life story in the lives of women.

     Francés   *El amor, que no es más que un episodio en la vida de los hombres, es la historia entera en la vida de las mujeres.*

98. **Mexican**   The day that love conquers violence, a woman will be the queen of the world.

     Mexicano   *El día en que el amor domine sobre la violencia, la mujer será la reina del mundo.*

99. **American** Women can do everything in the world without men's help, except have babies.

 Americano *Las mujeres pueden hacer todo en el mundo sin la ayuda de los hombres, excepto tener bebés.*

100. **French** What miracles a woman can perform when she has only a little bit of money.

 Francés *¡Qué milagros puede hacer una mujer cuando tiene sólo un poco de efectivo!*

101. **Mexican** God created the world and put good women on it to guard it.

 Mexicano *Dios creó el mundo y puso mujeres buenas en él para protegerlo.*

102. **American** Women spend more time at solving problems than men.

 Americano *Las mujeres toman más tiempo en resolver problemas que los hombres.*

103. **Mexican**   A woman with money is wise, beautiful and even knows how to sing.

      Mexicano   *Una mujer con dinero es sabia, bella y hasta sabe cantar.*

104. **American**   Women know they can do what men can, but men can't do what women can.

      Americano   *Las mujeres saben que pueden hacer lo que hacen los hombres, pero los hombres no pueden hacer lo que hacen las mujeres.*

105. **Greek**   Women are angels of kindness that place in the hands of humanity the lyre of love.

      Griego   *La mujer es un ángel de bondad que puso en las manos de la humanidad la lira del amor.*

106. **Italian**   The smaller the woman the better.

      Italiano   *La mujer, cuanto más pequeñita, mejor.*

107. **Jewish**   And old man in the house is a burden, but and old women is a treasure.

    Judío   *Un hombre viejo en la casa es una carga, pero una mujer vieja es un tesoro.*

108. **Chinese**   The advice of a clever woman can ruin a strong nation.

    Chino   *El consejo de una mujer astuta puede arruinar un pueblo fuerte.*

109. **Arabic**   Heaven on Earth is to be found on horseback, reading books and between a woman's breast.

    Árabe   *El paraíso en la Tierra se encuentra montado a caballo, leyendo libros y entre los senos de una mujer.*

110. **Jewish**   Be careful not to make a woman weep. God counts her tears.

    Judío   *Ten cuidado de no hacer llorar a una mujer, Dios cuenta sus lágrimas.*

111. **Danish**   The man loves with his head, the woman thinks with her heart.

    Danés   *El hombre ama con su cabeza, la mujer piensa con el corazón.*

112. **Czech**   Man is the head and woman is the crown upon it.

      Checo   *El hombre es la cabeza y la mujer es la corona encima de aquélla.*

113. **Italian**   A man chases a woman until she catches him.

      Italiano   *Un hombre persigue a una mujer hasta que ella lo atrapa.*

114. **Afgan**   A woman's work is worth more than the talk of a thousand men.

      Afgano   *El trabajo de una mujer vale más que la plática de mil hombres.*

115. **Spanish**   There is no woman who sleeps so deeply that the sound of a guitar won't bring her to the window.

      Español   *No hay mujer que duerma tan profundamente que el sonido de una guitarra no la lleve a la ventana.*

2

Family
Familia

A small home can hold the same amount of happiness as a big one.

American proverb

*Una casa pequeña puede contener la misma cantidad
de felicidad que una grande.*

Proverbio americano

1. **Chinese**   Parents are never wrong.
   Chino   *Los padres nunca se equivocan.*

   ≋

2. **Jewish**   Honor thy father and thy mother.
   Judío   *Honra a tu padre y a tu madre.*

   ≋

3. **American**   A small home can hold the same amount of happiness as a big one.
   Americano *Una casa pequeña puede contener la misma cantidad de felicidad que una grande.*

   ≋

4. **Italian**   If you spend time with your family, your family will spend time with you.
   Italiano   *Si pasas tiempo con tu familia, tu familia pasará tiempo contigo.*

   ≋

5. **Mexican**   Always compliment a family, especially about their children.
   Mexicano *Siempre halaga a una familia, especialmente a sus hijos.*

   ≋

6. **French**   Governing a family is almost as difficult as governing a kingdom.
   Francés   *Gobernar una familia es casi tan difícil como gobernar un reino.*

   ≋

7. **Persian**   Healthy families remind each other of their goodness;
                  unhealthy families remind each other of their failings.

   Persa   *En las familias sanas se recuerdan unos a otros sus bondades;
                  en las insanas se recuerdan unos a otros sus defectos.*

≋

8. **Colombian**   The very best place to bring a problem is the home.
   Colombiano *El mejor lugar para traer un problema es el hogar.*

≋

9. **Mexican**   The most important thing a father can do for his children is to
                  love their mother.

   Mexicano *La cosa más importante que un padre puede hacer por sus
                    hijos es amar a su madre.*

≋

10. **English**   Home is where the heart is.
    Inglés   *El hogar es donde está el corazón.*

≋

11. **Mexican**   Until you are a parent, you will not know how to be a good
                   son or daughter.

    Mexicano *Hasta que seas padre, sabrás ser buen hijo.*

≋

12. **Rumanian**   A happy family is but an earlier heaven.
    Rumano   *Una familia feliz no es nada menos que un cielo temprano.*

≋

13. **Latin**   Charity begins at home.

     Latino   *La caridad empieza en el hogar.*

                          ❧

14. **Persian**   No nation can be destroyed while it possesses a good home
                     life.

     Persa   *Ninguna nación puede ser destruida mientras posea una buena
                     vida hogareña.*

                          ❧

15. **Arabic**   A family is like an oasis in the middle of the desert.

     Árabe   *Una familia es como un oasis en medio del desierto.*

                          ❧

16. **French**   The family is a mirror of society.

     Francés   *La familia es el espejo de la sociedad.*

                          ❧

17. **Spanish**   Everyone in their house and God in the house of everyone.

     Español   *Cada uno en su casa y Dios en la de todos.*

                          ❧

18. **Chinese**   If you don't mistreat anyone at home, when you are out, no
                     one will mistreat you.

     Chino   *Si en casa no maltratas a nadie, cuando salgas, nadie te
                     maltratará.*

                          ❧

19. **English**   A library reflects a superior home.

    Inglés   *Una biblioteca refleja un hogar superior.*

    ⋙

20. **Spanish**   The greatest wealth that one can possess as a child is the inheritance of having good parents.

    Español   *La mayor riqueza que se puede poseer como hijo es la herencia de tener buenos padres.*

    ⋙

21. **French**   The home is the rock that serves as the foundation for all society.

    Francés   *El hogar es la piedra que sirve de cimiento a toda la sociedad.*

    ⋙

22. **Mexican**   If you don't find happiness in your own home, where will you find it?

    Mexicano   *El que no encuentra la alegría dentro de su propia casa ¿dónde la irá a buscar?*

    ⋙

23. **Chinese**   Under heaven, one family.

    Chino   *Bajo el cielo, una familia.*

    ⋙

24. **German**   Parents have to do a lot to compensate for the fact of having children.

   Alemán   *Mucho tienen que hacer los padres para compensar el hecho de tener hijos.*

❧

25. **English**   The factory that produces the most important product is the home.

   Inglés   *La fábrica que elabora el producto más importante es el hogar.*

❧

26. **American**   Lazy parents have lazy children.

   Americano   *Padres flojos tienen hijos flojos.*

❧

27. **Scottish**   A palace without affection is a poor hovel, and the most humblest hut with love in it is a palace for the soul.

   Escocés   *Un palacio sin afecto es una pobre choza, y la casucha más humilde con amor es un palacio para el alma.*

❧

28. **Swedish**   May the joy of sharing fill every home and the spirit of loving fill every heart.

   Sueco   *Que la alegría de compartir llene cada hogar y el espíritu de amar llene cada corazón.*

❧

29. **American**   You have only to go out on your own to find your way back home.

    Americano   *Tienes que salir solo para encontrar tu camino de regreso a casa.*

    ⌇

30. **Mexican**   If you have food and shelter, it's not important if it rains.

    Mexicano   *Carne y cueva, aunque llueva.*

    ⌇

31. **African**   The family is the strongest union you can have.

    Africano   *La familia es el vínculo más fuerte que puedes tener.*

    ⌇

32. **English**   Your home is your castle.

    Inglés   *Tu hogar es tu castillo.*

    ⌇

33. **Mexican**   Good morals are those that are learned at home.

    Mexicano   *La moral sana es lo que se aprende en el hogar.*

    ⌇

34. **Persian**   A home is so imporant because it is the smallest example of how a nation works.

    Persa   *Un hogar es tan importante porque es el ejemplo más pequeño de cómo funciona la nación.*

    ⌇

35. **American**   Be kind to your parents, you know they deserve it.

     Americano   *Sé amable con tus padres, tú sabes que ellos lo merecen.*

❧

36. **Irish**   Don't look for rainbows in other homes.

     Irlandés   *No busques el arcoiris en otras casas.*

❧

37. **Hindu**   Families need to learn to listen to one another better.

     Hindú   *Las familias necesitan aprender a escuchar mejor uno al otro.*

❧

38. **Brazilian**   The poorer a person is, the stronger the family support is needed.

     Brasileño   *Entre más pobre es una persona, más necesario es el apoyo familiar.*

❧

39. **Spanish**   If there are no parents, godparents will do.

     Español   *A falta de padres, padrinos.*

❧

40. **Polish**   A father of five children must be terribly sick to miss a day of work.

     Polaco   *Un padre con cinco hijos tiene que estar terriblemente enfermo para faltar a un día de trabajo.*

❧

41. **Jewish**   Society and the family are like the arch of a palace, take away one stone and everything comes falling down.

    Judío   *La sociedad y la familia se parecen al arco de un palacio: quitas una piedra y todo se viene abajo.*

◈

42. **Danish**   When there is peace in the heart, there is peace at home.

    Danés   *Cuando hay paz en el corazón, hay paz en casa.*

◈

43. **Chinese**   Only those who have children can understand the love of a parent.

    Chino   *Solo quien tiene hijos puede entender el amor de los padres.*

◈

44. **English**   Ever so humble, there's no place like home.

    Inglés   *Aunque sea humilde, no hay lugar como el hogar.*

◈

45. **Italian**   A father should be a friend and a confidant and not a tyrant to his children.

    Italiano   *El padre debiera ser un amigo y un confidente, no un tirano con sus hijos.*

◈

46. **Jamaican** One can love their own house, even though it doesn't have a roof.

    Jamaiquino *Se puede amar la propia casa aunque no tenga techo.*

    ☙

47. **Greek** She who is good in the family, makes a good wife.

    Griego *Quien es buena en la familia, resulta una buena esposa.*

    ☙

48. **Chinese** A parent's age must be remembered both for joy and for respect.

    Chino *La edad de los padres debe ser recordada con alegría y respeto.*

    ☙

49. **Arabic** People resemble their times more than their parents.

    Árabe *Las personas se parecen más a su tiempo que a sus padres.*

    ☙

50. **Mexican** The sweetest heaven is home.

    Mexicano *La clase de cielo más dulce es el hogar.*

    ☙

51. **Russian** A nest for birds and a house for love.

    Ruso *Un nido para aves, una casa para amar.*

    ☙

52. **Hindu**   There are but two things, a son and a daughter.

    Hindú   *Hay sólo dos cosas, un hijo y una hija.*

53. **Latin**   Civilization begins at home.

    Latino   *La civilización empieza en el hogar.*

54. **Greek**   There's always a dirty spoon in every family.

    Griego   *Siempre hay una cuchara sucia en cada familia.*

55. **Persian**   Happy is the home where God is present.

    Persa   *Feliz es el hogar donde Dios está presente.*

56. **American**   Everbody wants to have a home.

    Americano   *Todos quieren tener una casa.*

57. **French**   What is a family but the most admirable of goverments?

    Francés   *¿Qué es una familia sino el más admirable de los gobiernos?*

58. **Jewish**   If there are poor people in your family, it's only fair that you help them before the poor that are not related.

    Judío   *Si en tu familia hay gente pobre, es justo que la ayudes antes que a los pobres que no son tus parientes.*

    ❧

59. **Chinese**   There are two everlasting things that we can leave as an inheritance to our children: roots and wings.

    Chino   *Hay dos cosas perdurables que podemos dejar en herencia a nuestros hijos: las raíces y las alas.*

    ❧

60. **Japanese**   A home should be a pleasant place from where you draw happiness.

    Japonés   *Un hogar debe ser un lugar agradable de donde obtienes felicidad.*

    ❧

61. **Spanish**   You were a daughter, a mother will you be; how you were, that's how you'll be.

    Español   *Hija fuiste, madre serás; como fuiste, serás.*

    ❧

62. **Mexican**   He who raises a child is more of a father than he who begets one.

    Mexicano   *Es más padre quien cría que quien engendra.*

    ❧

63. **American**   Nobody likes complacent parents.

    Americano   *Nadie gusta de padres complacientes.*

    ≈

64. **Portuguese**   In the good life, one forgets their father and mother.

    Portugués   *Buena vida, padre y madre olvida.*

    ≈

65. **Cuban**   A new house, brings a new life.

    Cubano   *Casa nueva, vida nueva.*

    ≈

66. **Chinese**   Remember your parents by acting like them.

    Chino   *Recuerda a tus padres comportándote como ellos.*

    ≈

67. **Spanish**   The future of many depends on whether they had or didn't have a library in their house.

    Español   *El destino de muchos depende de haber tenido o no una biblioteca en su casa.*

    ≈

68. **Mexican**   The night and grandparents bring peace and advice.

    Mexicano   *La noche y los abuelos traen calma y consejo.*

    ≈

69. **American**   A tidy house gives the impression of a clean house.

   Americano   *Una casa ordenada da la apariencia de una casa limpia.*

❧

70. **Spanish**   It is better a crumb of bread with peace all the house full of groceries with anger.

   Español   *Vale más una migaja de pan con paz, que toda la casa llena de viandas con rencillas.*

❧

71. **Persian**   A good home is one where each member is primarily concerned with the happiness of the others.

   Persa   *Un buen hogar es aquél donde cada miembro está interesado primordialmente por la felicidad de los demás.*

❧

72. **Mexican**   If we don't have and strive for peace in our home, we won't find it in others.

   Mexicano   *Si no tenemos y procuramos paz en nuestra casa, no la hallaremos en las extrañas.*

❧

73. **Latin**   Look for happiness in your home and not in your neighbor's.

   Latino   *Busca la felicidad en tu casa y no en la del vecino.*

❧

74. **Mexican**   Poverty keeps together more families than it breaks up.

   Mexicano   *La pobreza mantiene juntas más familias de las que separa.*

≈

75. **Latin**   Few women are called to govern cities and empires, yet each woman is obligated to govern wisely and prudently her family and her home.

   Latino   *Pocas mujeres son llamadas para gobernar ciudades e imperios, mas cada una está obligada a gobernar sabia y prudentemente su familia y casa.*

≈

76. **American**   Food preparation in many families has now become a group activity, no longer thought of as a daily chore for only the woman of the house.

   Americano   *La preparación de comida en muchas familias se ha convertido ahora en una actividad de grupo, ya no es considerada como una tarea diaria sólo para la mujer de casa.*

≈

77. **Turkish**   It takes more than being from the same parents to be a good brother or sister.

   Turco   *Para ser un buen hermano o hermana se requiere más que ser de los mismos padres.*

≈

78. **Brazilian**   It doesn't matter who my father had been, what's important is my memory of who he was.

   Brasileño   *No importa quién fue mi padre, lo importante es el recuerdo que conservo de él.*

≋

79. **American**   Having a son doesn't make you a father.

   Americano   *Tener un hijo no hace a un padre.*

≋

80. **Arabic**   Let every parent be sober, industrious, prudent and wise and bring up their children in the same manner. Then, poverty will be abolished in a few generations.

   Árabe   *Que cada padre de familia sea sobrio, trabajador, prudente y sabio y que eduque por igual a sus hijos. Entonces, la pobreza terminará en unas cuantas generaciones.*

≋

81. **Greek**   Parents teach by their examples.

   Griego   *Los padres enseñan con su ejemplo.*

≋

82. **Latin**   Don't reproach your children for they will be the pleasure and comfort in your old age.

   Latino   *No reproches a tus hijos, pues serán el placer y el consuelo en tu vejez.*

≋

83. **English**   The happy person, be it king or peasant, finds peace in their home.

    Inglés   *La persona feliz es aquella que siendo rey o campesino, encuentra paz en su hogar.*

≛

84. **Mexican**   A drop of blood is worth more than a pound of friendship.

    Mexicano   *Vale más una gota de sangre que una libra de amistad.*

≛

85. **Chinese**   If there is goodness in the heart there will be beauty in the character. If there is beauty in the character, there will be harmony in the home and order in the nation. When there is order in the nation there is peace in the world.

    Chino   *Si hay bondad en el corazón, habrá belleza en el carácter. Si hay belleza en el carácter, habrá armonía en el hogar y orden en la nación. Cuando haya orden en la nación, habrá paz en el mundo.*

≛

86. **Persian**   The father that does not give his children work, teaches them to steal.

    Persa   *El padre que no da trabajo a sus hijos, les enseña a robar.*

≛

87. **American**   What is a home without children or grandchildren?

    Americano   *¿Qué es una casa sin niños o nietos?*

≛

88. **Chinese**   The love of your family is a treasure worth more than gold.

    Chino   *El amor de tu familia es un tesoro más valioso que el oro.*

    ❧

89. **Mexican**   Where there is no dog, girlfriend or family, there is no happiness.

    Mexicano   *Donde no hay perro, novia o familia, no hay felicidad.*

    ❧

90. **Mexican**   A son is a son until he finds a wife; a daughter is a daughter all her life.

    Mexicano   *Un hijo es un hijo hasta que consigue esposa, una hija es una hija toda la vida.*

    ❧

91. **Chinese**   Teach your son in the front garden and your wife on the pillow.

    Chino   *Enseña a tu hijo en el jardín de enfrente y a tu esposa sobre la almohada.*

    ❧

92. **Czech**   The one who first shuts up in an argument is from a good family.

    Checo   *La que primero calla en una discusión es de buena familia.*

    ❧

93. **Jewish**   Look for the good, not the evil, in the conduct of members of the family.

    Judío   *Busca lo bueno, no lo malo, en la conducta de los miembros de la familia.*

≈

94. **Russian**   If the family is together, the soul is in the right place.

    Ruso   *Si la familia está unida, el alma está en el sitio correcto.*

≈

95. **Arabic**   When you come back from a trip bring somethig for the family, even if it is only a stone.

    Árabe   *Cuando regreses de un viaje trae algo para la familia, aunque sólo sea una piedra.*

≈

96. **Sicilian**   Never take sides against your family.

    Siciliano   *Nunca te opongas a tu familia.*

≈

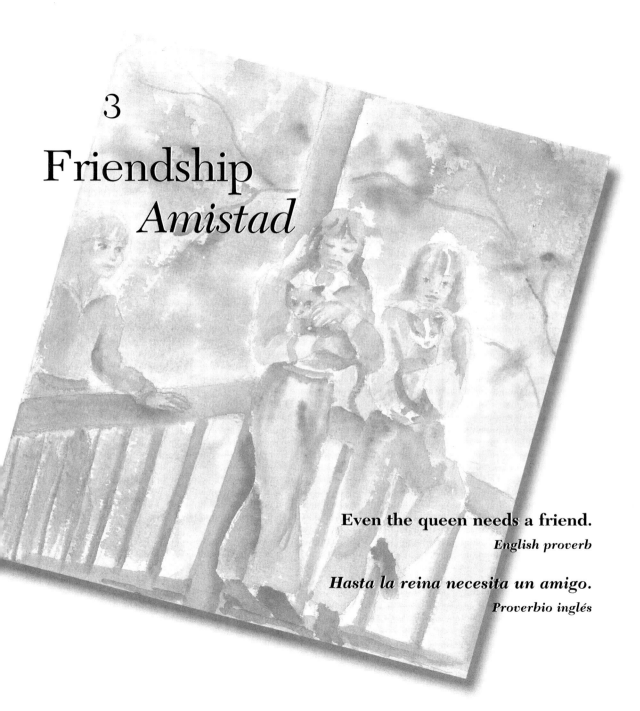

3

Friendship
Amistad

Even the queen needs a friend.
English proverb

Hasta la reina necesita un amigo.
Proverbio inglés

1. **Latin**   Friendship is one mind in two bodies.
   Latino   *La amistad es una mente en dos cuerpos.*

❀

2. **American**   True friendship is like a slow growing plant.
   Americano   *La amistad verdadera es una planta que crece lentamente.*

❀

3. **Mexican**   To live with an optimistic friend is to find the key to happiness.
   Mexicano   *Vivir con un amigo optimista es encontrar la clave de la felicidad.*

❀

4. **Japanese**   Happy is the house that shelters a friend.
   Japonés   *Feliz es la casa que alberga a un amigo.*

❀

5. **Persian**   No time is ever wasted if you have a book along as a companion.
   Persa   *El tiempo nunca está mal gastado si tienes contigo un libro como compañero.*

❀

6. **French**   Friendship consists in forgetting what one gives and remembering what one receives.
   Francés   *La amistad consiste en olvidar lo que uno da y recordar lo que uno recibe.*

❀

7. **Spanish**   We don't know someone because they visit us, we have to visit them to find out who they are.

   Español   *No conocemos a las personas cuando vienen a vernos, tenemos que visitarlas para averiguar como son.*

❀

8. **Irish**   It is not fair to ask your friends to do what you are not willing to do for yourself.

   Irlandés   *No es justo pedirle a tus amigos lo que no estás dispuesto a hacer por ti mismo.*

❀

9. **Puerto Rican**   No person is your enemy, no person is your friend, every person is your teacher.

   Puertorriqueño   *Ninguna persona es tu enemigo, ninguna tu amigo, cada persona es tu maestro.*

❀

10. **Portuguese**   Better a close friend than a distant relative.

    Portugués   *Mejor un amigo cercano que un pariente lejano.*

❀

11. **Chinese**   When two people are friends the water they drink is sweet.

    Chino   *Cuando dos personas son amigos, el agua que beben es dulce.*

❀

12. **Chinese**   The fortunate person has bread and friends.

    Chino   *La persona afortunada tiene pan y amigos.*

❀

13. **Kurdish**   The world is a rose, smell it and pass it on to your friend.

    Kurdo   *El mundo es una rosa, huélela y dásela a tu amigo.*

❀

14. **English**   Even the queen needs a friend.

    Inglés   *Hasta la reina necesita un amigo.*

❀

15. **French**   What you give to friendship returns multiplied.

    Francés   *Lo que se otorga a la amistad vuelve multiplicado.*

❀

16. **Jewish**   Love your friend like yourself.

    Judío   *Ama a tu amigo como a ti mismo.*

❀

17. **Chinese**   The stone that is given by a friend is an apple.

    Chino   *La piedra regalada por un amigo es una manzana.*

❀

18. **African**   You do not possess a friend's soul without giving your own.

    Africano   *No se tiene el alma de un amigo sin dar la propia.*

❀

19.   **Spanish**   The friendship that is born from love is better than love itself.

    Español   *La amistad que nace del amor es mejor que el amor mismo.*

❀

20.   **Hungarian**   Don't judge your friend without first putting yourself in his place.

    Húngaro   *No juzgues a tu amigo sin haberte puesto antes en su lugar.*

❀

21.   **German**   Some periods of separation maintain a good friendship.

    Alemán   *Algunos periodos de separación conservan una buena amistad.*

❀

22.   **Chinese**   It is useless to look for friends outside of the home if one does not care for or respect one's own parents.

    Chino   *Es inútil buscar amigos fuera de casa si no se cuida y respeta a los propios padres.*

❀

23.   **Brazilian**   The person without friends is like the right hand without the left.

    Brasileño   *La persona sin amigos es como la mano derecha sin la izquierda.*

❀

24.   **Chinese**   She who is good and has friends does not accumulate wealth.

    Chino   *Quien es buena y tiene amigos, no acumula riqueza.*

❀

25. **Italian**   True friends are as rare as white flies.

     Italiano   *Los verdaderos amigos son tan raros como las moscas blancas.*

❀

26. **Jewish**   Greater love has no man than this, that a man lay down his life for his friend.

     Judío   *El amor más grande que uno puede tener es aquel en que se sacrifica la vida por los amigos.*

❀

27. **American**   Be careful what you tell your friends because remember your friends have friends.

     Americano   *Ten cuidado de lo que dices a tus amigos, recuerda que tus amigos también tienen amigos.*

❀

28. **English**   Your friendship is a gift you give to others.

     Inglés   *Tu amistad es un regalo que das a los demás.*

❀

29. **Chinese**   The best antique is an old friend.

     Chino   *La mejor reliquia es un viejo amigo.*

❀

30. **Persian**   A friend is one who stops, looks and listens to you.

     Persa   *Un amigo es aquel que se detiene, te mira y te escucha.*

❀

31. **African**   Hold a true friend with both your hands.

    Africano   *Toma a un verdadero amigo con tus dos manos.*

❀

32. **Greek**   A friend is someone who undestands your past, believes in your future, and accepts you today just the way you are.

    Griego   *Un amigo es el que entiende tu pasado, cree en tu futuro y te acepta hoy como eres.*

❀

33. **Arabic**   A true friend is one who, knowing all your faults, boasts about your good points.

    Árabe   *Un verdadero amigo es uno que, sabiendo todos tus defectos, halaga tus buenas cualidades.*

❀

34. **English**   A good friend is your closest relative.

    Inglés   *Un buen amigo es tu pariente más cercano.*

❀

35. **Colombian**   To like and dislike the same things, that is indeed true friendship.

    Colombiano   *Que nos gusten y disgusten las mismas cosas, eso es ciertamente la amistad verdadera.*

❀

36. **Japanese**   The ornament of a house is the friends who frequents it.

    Japonés   *El ornamento de una casa son los amigos que la frecuentan.*

❀

37. **American**   The bank of friendship cannot exist for long without deposits.

    Americano   *El banco de la amistad no puede existir por mucho tiempo sin depósitos.*

❀

38. **French**   The friends of my friend are my friends.

    Francés   *Los amigos de mi amigo son mis amigos.*

❀

39. **Latin**   In good times many count themselves as friends.

    Latino   *En los buenos tiempos, muchos se consideran amigos.*

❀

40. **Russian**   Keep your friendships in constant repair.

    Ruso   *Mantén tus amistades en reparación constante.*

❀

41. **French**   A stranger is a person I haven't met yet.

    Francés   *Un extraño es una persona que aún no conozco.*

❀

42. **Italian**   Be more prompt to go to a friend in adversity than in prosperity.

    Italiano   *Sé más rápido al ir con un amigo en la adversidad que en la prosperidad.*

❀

43. **German** Flatterers have the appearance of friends, just like wolves have the appearance of dogs.

    Alemán *Los aduladores tienen la apariencia de amigos, como los lobos tienen la apariencia de perros.*

    ❀

44. **English** Be a friend to thy self, and others will be so too.

    Inglés *Sé tu propio amigo, y otros lo serán también.*

    ❀

45. **Chinese** One can do without society, but one has need of a friend.

    Chino *Uno puede vivir lejos de la sociedad, pero uno siempre necesita de un amigo.*

    ❀

46. **Polish** One's best friend is in the mirror.

    Polaco *El mejor amigo de uno está en el espejo.*

    ❀

47. **Scottish** Make your feet your friends.

    Escocés *Haz de tus pies tus amigos.*

    ❀

48. **Egyptian** An onion shared with a friend tastes like roasted lamb.

    Egipcio *Una cebolla compartida con un amigo es como un cordero rostizado.*

    ❀

49. **Czech**   Warm kitchen, warm friends.
    Checo   *Cocina caliente, amigos calurosos.*

❀

50. **American**   Boys before books but not before best friends.
    Americano   *Los niños antes que los libros pero no antes que los mejores amigos.*

❀

51. **Swedish**   Friendship is love without wings.
    Sueco   *La amistad es amor sin alas.*

❀

52. **Russian**   An old friend is like a peg in the wall.
    Ruso   *Un viejo amigo es como una clavija en la pared.*

❀

53. **English**   A friend is better than ale.
    Inglés   *Un amigo es mejor que la cerveza.*

❀

54. **Jewish**   She who finds a friend, finds a treasure.
    Judío   *Quien encuentra un amigo, encuentra un tesoro.*

❀

55. **Spanish**   Friendship is one thing and business is another.
    Español   *La amistad es una cosa y los negocios otra.*

❀

56. **Hindu**   On the road to the homes of friends, grass does not grow.

    Hindú   *En el camino a la casa de los amigos, el pasto no crece.*

❀

57. **Mexican**   Friendship without self-interest is one of the rare and beautiful things of life.

    Mexicano   *La amistad desinteresada es una de las cosas raras y bellas de la vida.*

❀

58. **African**   When a friend asks, there is no tomorrow.

    Africano   *Cuando un amigo pide, no hay mañana.*

❀

59. **American**   The person who treasures her friends is usually solid gold herself.

    Americano   *La persona que aprecia a sus amigos es casi siempre de oro macizo.*

❀

60. **Portuguese**   What a delight it is to make friends with someone you have despised.

    Potugués   *Qué deleite es hacer amistad con alguien que has despreciado.*

❀

61. **Jewish**   Speak well of your friend, of your enemy say nothing.

    Judío   *Habla bien de tu amigo, de tu enemigo no digas nada.*

❀

62. **Puerto Rican**   Whatever you dislike in your friend, take care to correct in yourself.

    Puertorriqueño   *Cualquier cosa que no te guste de tu amigo, procura corregirla en ti mismo.*

❀

63. **American**   Friends like it when you ask their advice, it makes them feel valued.

    Americano   *A los amigos les gusta que les pidas consejos, con eso se sienten valorados.*

❀

64. **Persian**   Look for friends who can make you feel better than you are now.

    Persa   *Busca a las amistades que pueden hacerte sentir mejor de lo que eres ahora.*

❀

65. **American**   Surround yourself with positive people.

    Americano   *Rodéate con personas positivas.*

❀

66. **Greek**   Wishing to be friends is quick work, but friendship is a slow-ripening fruit.

    Griego   *Querer ser amigos es tarea rápida, pero la amistad es una fruta que madura lentamente.*

❀

67. **Irish**   A little health, a little wealth, a little house and freedom. And at the end, a little friend and a little cause to need her.

   Irlandés   *Un poco de salud, un poco de dinero, una casa pequeña y libertad. Al final, una amiguita y una razón pequeña para necesitarla.*

✿

68. **Brazilian**   Friends are like melons; shall I tell you why? To find one good you must a hundred try.

   Brasileño   *Los amigos son como los melones... ¿quieres saber por qué? Para encontrar uno bueno tienes que probar cien.*

✿

69. **American**   Don't walk in front of me, I may not always follow. Don't walk behind me, I may not always lead. Just walk beside me and be my friend.

   Americano   *No camines frente a mí, no siempre te seguiré. No camines atrás de mí, no siempre te conduciré. Sólo camina a mi lado y sé mi amigo.*

✿

70. **American**   Some people have their first dollar. The person who is really rich is the one who still has her first friend.

   Americano   *Algunas personas tienen su primer dólar. La persona realmente rica es la que todavía tiene su primera amiga.*

✿

71. **Polish**   You may forget with whom you laughed, but you will never forget with whom you wept.

    Polaco   *Puedes olvidar con quien reíste, pero jamás olvidarás con quien lloraste.*

❀

72. **English**   Laughter is the best way to begin a friendship and the best way to end one.

    Inglés   *La risa es la mejor manera de comenzar una amistad y la mejor manera de terminar con ella.*

❀

73. **Arabic**   Friends are the flowers in the garden of life.

    Árabe   *Los amigos son las flores en el jardín de la vida.*

❀

74. **Arabic**   I cannot be your friend and your flatterer too.

    Árabe   *No puedo ser tu amigo y tu adulador también.*

❀

75. **Persian**   Seek your friends with hours to live and not hours to kill.

    Persa   *Busca a tus amigos para aprovechar el tiempo y no para matarlo.*

❀

76. **Japanese**   To a friend's house the road is never long.

    Japonés   *A la casa de un amigo el camino nunca es largo.*

❀

77. **Greek**   Small presents keep a friendship alive.

    Griego   *Los pequeños regalos mantienen viva una amistad.*

❀

78. **American**   Your best friends are your ten fingers.

    Americano *Tus mejores amigos son tus diez dedos.*

❀

79. **Latin**   Never push your friendship on those who do not value it.

    Latino   *No entregues tu amistad a quienes no la valoren.*

❀

80. **Mexican**   You know who your friends are when you're sick or in jail.

    Mexicano   *Sabes quienes son tus amigos cuando estás en la cama o en la cárcel.*

❀

81. **Mexican**   Never offend your friend, not even in jest.

    Mexicano   *Nunca ofendas a tu amigo, ni siquiera en broma.*

❀

82. **Mexican**   We should look for someone to eat with, before we look for something to eat.

    Mexicano   *Debemos buscar a alguien con quien comer, antes de buscar qué comer.*

❀

83. **African**   I didn't find my friends, the good Lord gave them to me.
    Africano   *No encontré a mis amigos, el buen Dios me los dio.*

❀

84. **American**   A friend will let you have the last cookie.
    Americano *Un amigo te dejará la última galleta.*

❀

85. **German**   Friendship is a plant we must often water.
    Alemán   *La amistad es una planta que debemos regar a menudo.*

❀

86. **African**   Bad friends prevent you from having good friends.
    Africano   *Los malos amigos te alertan de tener buenos amigos.*

❀

87. **Italian**   Only your real friends will tell you when your face is dirty.
    Italiano   *Sólo los amigos verdaderos te dirán cuándo tu cara está sucia.*

❀

88. **Hindu**   Never by-pass a town where a friend lives.
    Hindú   *Nunca evites un pueblo donde vive un amigo.*

❀

4
Health
Salud

**Health is beauty and the most perfect health
is the most perfect beauty.**

Chinese proverb

*La salud es belleza y la más perfecta salud
es la más perfecta belleza.*

Proverbio chino

1. **Dutch**   A light heart lives long.

   Holandés   *Un corazón alegre vive mucho.*

2. **American**   Cheerful people resist disease better than glum ones.

   Americano   *La gente alegre resiste las enfermedades mejor que la descontenta.*

3. **Hindu**   Only intelligent people know how to eat right.

   Hindú   *Sólo las personas inteligentes saben cómo alimentarse bien.*

4. **Spanish**   When your body talks, listen.

   Español   *Cuando tu cuerpo habla, escucha.*

5. **Latin**   Good health and good sense are two of life's greatest blessings.

   Latino   *La buena salud y el buen sentido son las dos bendiciones más grandes de la vida.*

6. **Chinese**   Health is beauty and the most perfect health is the most perfect beauty.

   Chino   *La salud es belleza y la más perfecta salud es la más perfecta belleza.*

7. **Mexican**   Happiness rejuvenates and sadness ages.

   Mexicano   *La alegría rejuvenece y la tristeza envejece.*

❧

8. **American**   Do not consider painful what is good for you.

   Americano   *No consideres doloroso lo que es bueno para ti.*

❧

9. **Hindu**   A person's greatest enemy is their stomach.

   Hindú   *El mayor enemigo de las personas es su estómago.*

❧

10. **Portuguese**   If you are too busy to take care of yourself, you are too busy.

   Portugués   *Si estás demasiado ocupado como para cuidarte, estás demasiado ocupado.*

❧

11. **Chinese**   Never do anything standing that you can do sitting or anything sitting that you can do lying down.

   Chino   *Nunca hagas de pie algo que puedas hacer sentado o algo sentado que puedas hacer acostado.*

❧

12. **Hindu**   The body should be the servant of the mind.

   Hindú   *El cuerpo debiera ser el sirviente de la mente.*

❧

13. **Hindu**   When we make our thoughts pure, we no longer desire impure food.

     Hindú   *Cuando hacemos que nuestros pensamientos sean puros, ya no deseamos comida impura.*

14. **Mexican**   Think of food as energy.

     Mexicano   *Piensa en la comida como energía.*

15. **Brazilian**   Sometimes to gain a little health, we must lose a little health.

     Brasileño   *A veces para ganar un poco de salud, tenemos que perder un poco de ella.*

16. **Greek**   Exercise is a person's best medicine.

     Griego   *El ejercicio es la mejor medicina de una persona.*

17. **Swedish**   As soon as you feel too old to do something, do it.

     Sueco   *Tan pronto como te sientas demasiado viejo para hacer una cosa, hazla.*

18. **Chinese**   Wisdom will add years to your life.

     Chino   *La sabiduría agregará años a tu vida.*

19. **English**   Walk when you can, ride when you must.

    Inglés   *Camina cuando puedas, marcha cuando debas.*

20. **Colombian**   We never repent of having eaten too little.

    Colombiano   *Nunca nos arrepintamos de haber comido muy poco.*

21. **Italian**   A man is as old as he feels, a woman is as old as she looks.

    Italiano   *Un hombre es tan viejo como se siente, una mujer como se ve.*

22. **Chinese**   To get up early for three days is equal to one day of time.

    Chino   *Madrugar por tres días equivale a uno entero.*

23. **African**   Of all creatures, the human being has the least sense for management of his or her body.

    Africano   *De todos los animales, el ser humano tiene el menor sentido para el manejo de su cuerpo.*

24. **Mexican**   A good laugh and a deep sleep, are two remedies in this world.

    Mexicano   *Buena carcajada y sueño profundo, dos remedios en el mundo.*

25. **Latin** — You are what you eat.

    Latino — *Eres lo que comes.*

26. **English** — Cleanliness is next to godliness.

    Inglés — *La limpieza se acerca a la santidad.*

27. **Cuban** — You are young at any age if you are planning for tomorrow.

    Cubano — *Eres joven a cualquier edad si te preparas para el mañana.*

28. **Jewish** — To be healthy is to be wealthy, to be happy is to be wealthier.

    Judío — *Estar saludable es ser rico, estar feliz es ser más rico.*

29. **Mexican** — Worry is the enemy of health.

    Mexicano — *La preocupación es el enemigo de la salud.*

30. **American** — Exercise, study and love.

    Americano — *Ejercitarse, estudiar y amar.*

31. **French** — Your body doesn't know how to lie.

    Francés — *Tu cuerpo no sabe cómo mentir.*

32. **French**   You are young only once.

    Francés   *Eres joven sólo una vez.*

33. **Chinese**   When someone loses their health, then they begin to take care of it.

    Chino   *Cuando alguien pierde su salud, comienza a cuidarla.*

34. **German**   Keep a healthy body and a pure mind.

    Alemán   *Mantén tu cuerpo sano y una mente pura.*

35. **Brazilian**   There are people who are old at forty, and others who just start living at that age.

    Brasileño   *Hay gente que es vieja a los cuarenta y hay gente que apenas empieza a vivir a esa edad.*

36. **Mexican**   Don't put years to your life, put life to your years.

    Mexicano   *No pongas años a tu vida, pon vida a tus años.*

37. **Hindu**   Much meat, brings many diseases.

    Hindú   *Mucha carne, muchas enfermedades.*

38. **American**   Good for the body is the work of the body, good for the soul is spiritual work.

     Americano   *Bueno para el cuerpo es el trabajo corporal, para el alma el espiritual.*

❦

39. **Chinese**   In reading, as in eating, an appetite is half the feast.

     Chino   *Para leer como para comer, el apetito es la mitad del banquete.*

❦

40. **Latin**   Sports is the adoration of the body.

     Latino   *El deporte es la adoración del cuerpo.*

❦

41. **Gandhi**   Walking is the prince of exercises.

     Gandhi   *Caminar es el príncipe de los ejercicios.*

❦

42. **English**   Eat like a king for breakfast, a prince for lunch and a pauper for supper.

     Inglés   *Come como rey en el desayuno, como príncipe en la comida y como mendigo en la cena.*

❦

43. **Spanish**   There is nothing so closely connected with us as our body.

     Español   *No hay nada tan estrechamente conectado con nosotros como nuestro cuerpo.*

❦

44. **Irish**   Every year gives us a differant role to play.
    Irlandés   *Cada año nos da un rol distinto que jugar.*

45. **Mexican**   Happiness prolongs life.
    Mexicano   *La felicidad prolonga la vida.*

46. **American**   It is better to use evolution when changing your diet than to use revolution.

    Americano   *Es mejor usar la evolución cuando cambias tu dieta que usar la revolución.*

47. **Japanese**   They who would be young when they are old must be old when they are young.

    Japonés   *Los que sean jóvenes cuando estén viejos tienen que ser viejos cuando están jóvenes.*

48. **Hindu**   Eyes are the mirrors of the soul.
    Hindú   *Los ojos son el espejo del alma.*

49. **Portuguese**   The most healthiest part of our body is the part that is most excercised.

    Portugués   *La parte más saludable de nuestro cuerpo es la que está más ejercitada.*

50. **English**   The worst old age is that of the spirit.

    Inglés   *La peor vejez es la del espíritu.*

51. **Hindu**   The tongue is the barometer of the stomach.

    Hindú   *La lengua es el barómetro del estómago.*

52. **Mexican**   There are three kinds of health of the spirit, the mind and the body.

    Mexicano   *Hay tres clases de salud: la espiritual, la mental y la corporal.*

53. **Hindu**   Cleanliness of the body leads to pureness of the spirit.

    Hindú   *La limpieza del cuerpo conduce a la pureza del espíritu.*

54. **Chinese**   The mind has influence over the body.

    Chino   *La mente tiene influencia sobre el cuerpo.*

55. **Mexican**   Youth is not a stage in life, it is a state of mind.

    Mexicano   *La juventud no es una época de la vida, es un estado de ánimo.*

56. **Persian**   Some people can wake up fresh and happy, others just wake up.

    Persa   *Algunos pueden levantarse frescos y alegres, otros sólo pueden levantarse.*

57. **American**   The hardest decision in life is: when to start middle age.

    Americano   *La decisión más difícil de la vida: cuándo empezar la segunda edad.*

58. **Greek**   For a good and balanced nutrition eat a variety of foods.

    Griego   *Para una nutrición buena y balanceada come una variedad de comidas.*

59. **Latin**   There are few old and happy people.

    Latino   *Poca gente es vieja y feliz.*

60. **Spanish**   One of the secrets of life is to keep our intellectual curiosity alive.

    Español   *Uno de los secretos de la vida es mantener nuestra curiosidad intelectual despierta.*

61. **African** Awake each day to love and work.
    Africano *Despierta cada día para amar y trabajar.*

❧

62. **Greek** The soul never ages.
    Griego *El alma nunca envejece.*

❧

63. **Swedish** There's nothing a hot bath won't cure.
    Sueco *No hay nada que un baño caliente no cure.*

❧

64. **Turkish** Dancing is good for the figure.
    Turco *Bailar es bueno para la figura.*

❧

65. **Italian** Laughter makes for good blood.
    Italiano *La risa hace buena sangre.*

❧

66. **Cuban** Optimism is good for health.
    Cubano *El optimismo es bueno para la salud.*

❧

67. **Italian** A home where the sun does not enter, the doctor enters at all hours.
    Italiano *Hogar en el que no entra el sol, entra el médico a todas horas.*

❧

68. **Jewish**   A peaceful heart is the life of the body.

    Judío   *Un corazón tranquilo es la vida del cuerpo.*

69. **Jewish**   While you eat, drink little and often.

    Judío   *Mientras comes, bebe poco y a menudo.*

70. **Mexican**   Knowing how to age is the masterpiece of wisdom.

    Mexicano   *Saber cómo envejecer es la obra maestra de la sabiduría.*

71. **Polish**   If you are feeling good, keep quiet.

    Polaco   *Si te sientes bien, mantente en silencio.*

72. **German**   After dinner stand awhile, or walk nearly half a mile.

    Alemán   *Después de cenar mantente un rato de pie o camina casi la mitad de una milla.*

73. **Croatian**   Without health no one is rich.

    Croata   *Sin salud nadie es rico.*

74. **Arabic**   Molasses and yoghurt bring health to everyone.

    Árabe   *La melaza y el yogur traen salud a todos.*

75. **Persian** — If you eat slowly you will not have a stomach ache.
    Persa — *Si comes despacio no tendrás dolor de estómago.*

76. **Mexican** — Everyone should have a hobby.
    Mexicano — *Todos debieran tener un pasatiempo.*

77. **Danish** — A short rest is always good.
    Danés — *Un descanso breve siempre es bueno.*

78. **Japanese** — Through the mouth the body is ruined.
    Japonés — *Por la boca el cuerpo se arruina.*

79. **American** — The body never lies.
    Americano — *El cuerpo nunca miente.*

80. **Russian** — Where there is no pain, there can be no real gain.
    Ruso — *Donde no hay dolores, no pueden existir avances reales.*

81. **Kurdish** — Eat little and often.
    Kurdo — *Come poco y seguido.*

82. **German**   Everybody has been young before, but not everyone has been old before.

    Alemán   *Todos han sido jóvenes antes, pero no todos han sido viejos antes.*

❦

83. **Hindu**   We must walk in balance on the earth, one foot in spiritual and one foot in the physical.

    Hindú   *Tenemos que caminar en armonía sobre la tierra, un pie en el espíritu y el otro en el físico.*

❦

84. **Irish**   Cleanliness and respectability do not need justification.

    Irlandés   *La limpieza y el respeto no necesitan justificación.*

❦

85. **Chilean**   There's taste in variety.

    Chileno   *En la variedad está el gusto.*

❦

86. **Italian**   Noble deeds and hot baths are the best cures for depression.

    Italiano   *Actos nobles y baños calientes son los mejores remedios para la depresión.*

❦

87. **American**   If you are dieting but do not enjoy the foods you are allowed to eat, your diet will be a flop.

   Americano   *Si estás a dieta pero no disfrutas las comidas que te están permitidas, tu dieta será un fracaso.*

88. **Hindu**   Hold on to your health because through health we serve and are happy.

   Hindú   *Mantente sano porque sólo así servimos y somos felices.*

89. **Belgian**   Where there is sunshine there is no need for doctors.

   Belga   *Donde hay sol no se requiere de médicos.*

90. **Chinese**   The person who is able to conquer her own habits will always be young.

   Chino   *La persona que logra vencer sus propios hábitos será siempre joven.*

91. **French**   Love makes you feel better, look better and live longer.

   Francés   *El amor te hace sentir mejor, verte mejor y vivir más tiempo.*

92. **American**   If you can't sleep, then get up and do something instead of lying there and worrying. It's the worry that gets you, not the loss of sleep.

    Americano   *Si no puedes dormir, levántate y haz algo en vez de quedarte acostado y preocupado. La preocupación es la que te cansa, no la pérdida del sueño.*

93. **Mexican**   The eyes are the point where the soul and the body meet.

    Mexicano   *Los ojos son el punto donde se mezclan el alma y el cuerpo.*

94. **Latin**   We should concede to some rest for our spirit and regain it's strength with some form of recreation.

    Latino   *Debiéramos conceder algún descanso a nuestro espíritu y renovar sus fuerzas con algunos recreos.*

95. **Russian**   She who sews a bride's trousseau is rejuvenated.

    Ruso   *Quien cose el ajuar de una novia rejuvenece.*

96. **Hindu**   A flexible back is the fountain of youth.

    Hindú   *Una espalda flexible es la fuente de la juventud.*

97. **Spanish**   We can't stop the aging process, but oh how we should try!

    Español   *No podemos parar el proceso de la vejez, pero ¡cómo deberíamos intentarlo!*

❧

98. **Hindu**   One who has not proper control over her body cannot make proper use of her mind.

    Hindú   *Quien no tiene control sobre su propio cuerpo, no puede hacer uso de su mente.*

❧

99. **American**   Middle age is when one says they will be back into shape in a few weeks.

    Americano   *Se está en edad madura cuando uno dice que regresará en buena forma en algunas semanas.*

❧

100. **Hindu**   Give yourself a little time in bed before returning to this world.

    Hindú   *Date un poco de tiempo en la cama antes de regresar a este mundo.*

❧

101. **English**   Before sleep, empty your mind like you empty your pockets.

    Inglés   *Antes de dormir, vacía tu mente como vacías tus bolsillos.*

❧

102. **Russian**   Eat till you are half-satisfied, and drink till you are half-quenched.

Ruso   *Come hasta que estés medio satisfecho y bebe hasta que tu sed esté medio apagada.*

103. **Jewish**   She who visits the sick, cures a part of their illness.

Judío   *Quien visita a un enfermo, cura una parte de su enfermedad.*

104. **Hindu**   The way of the spirit and the body is selfishness. It is up to us to establish the balance between the two.

Hindú   *El camino del espíritu y del cuerpo es el egoísmo. Depende de nosotros establecer el equilibrio entre los dos.*

105. **Spanish**   Eat little for lunch and less for supper, because the health of all the body is forged in the stomach.

Español   *Come poco y cena más poco, que la salud en todo el cuerpo se fragua en la oficina del estómago.*

106. **Jewish**   The habit of eating some light food when waking up contributes to sweetening the breath.

Judío   *La costumbre de tomar algún alimento ligero al levantarse contribuye a suavizar el aliento.*

107. **American**   Breakfast is the most important meal of the day.

    Americano   *El desayuno es la comida más importante del día.*

❦

108. **Jewish**   The ideal is to be seated one third, to stand one third and to walk one third, during the day.

    Judío   *Lo ideal es estar sentado un tercio, estar de pie un tercio y caminar un tercio, del día.*

❦

109. **English**   The best doctors are Dr. Diet, Dr. Exercise and Dr. Patience.

    Inglés   *Los mejores médicos son Dr. Dieta, Dr. Ejercicio y Dr. Paciencia.*

❦

110. **Jewish**   Blessed is she who is too busy in the day and too tired at night to worry.

    Judío   *Bienaventurada quien está muy ocupada en el día y muy cansada en la noche como para preocuparse.*

❦

111. **Persian**   Health and wealth are two names for the same thing.

    Persa   *La salud y la riqueza son dos nombres para la misma cosa.*

❦

112. **Latin**   The foundation of all happiness is good health.

    Latino   *La base de toda felicidad es la buena salud.*

❦

113. **Jamaican**   Patience is a medicine that will alleviate incurable evils.

      Jamaiquino *La paciencia es una medicina que aliviará males incurables.*

114. **Arabic**   She who is healthy has hope, and she who has hope has everything.

      Árabe   *Quien tiene salud tiene esperanza, quien tiene esperanza tiene todo.*

115. **Chinese**   Measure your health by your sympathy with morning.

      Chino   *Mide tu salud por tu simpatía con la mañana.*

116. **American**   Your stomach doesn't need all that you can give it.

      Americano   *Tu estómago no necesita todo lo que puedes darle.*

117. **Hindu**   Some of the most relaxing thoughts come within the first few minutes upon awakening.

      Hindú   *Algunos de los pensamientos más relajados vienen durante los primeros minutos luego de despertarse.*

118. **Persian**   Sometimes the body becomes healthy by being very sick.

      Persa   *A veces, el cuerpo se vuelve saludable por estar muy enfermo.*

119. **Hindu**   Eat less, live longer.

   Hindú   *Come menos, vive más.*

120. **English**   An apple a day keeps the doctor away.

   Inglés   *Una manzana cada día ahuyenta al médico.*

121. **Hindu**   Make a habit of controlling your stomach, your sleep and your anger.

   Hindú   *Ten el hábito de controlar tu estómago, tu sueño y tu ira.*

122. **Hindu**   Your body is a temple.

   Hindú   *Tu cuerpo es un templo.*

123. **Spanish**   Good health causes good humor, good humor causes good thoughts and good thoughts causes good works.

   Español   *La buena salud causa buen humor, el buen humor causa buenos pensamientos y los buenos pensamientos causan buenos actos.*

124. **Mexican**   Plenty of water and plenty of walking makes the body healthy.

   Mexicano   *Bastante agua y bastante caminar hacen que el cuerpo esté sano.*

125. **Japanese**   Not accumulating worries is one of the secrets for staying healthy.

     Japonés   *No acumular preocupaciones es uno de los secretos para mantenerse saludable.*

🔥

126. **Greek**   Good thoughts are half of being healthy.

     Griego   *Los buenos pensamientos son la mitad de la salud.*

🔥

127. **Brazilian**   All sacrifice is small to obtain health.

     Brasileño   *Todo sacrificio es poco para conseguir la salud.*

🔥

128. **Latin**   Healthy mind, healthy body.

     Latino   *Mente sana en cuerpo sano.*

🔥

129. **American**   You are as beautiful as you feel.

     Americano   *Eres tan bella como te sientes.*

🔥

130. **Latin**   Forty is the old age of youth, fifty is the youth of old age.

     Latino   *Los cuarentas son la vejez de la juventud, los cincuentas la juventud de la vejez.*

🔥

131. **English**　Health consist in proper exercise, diet and discipline.

 Inglés　*La salud consiste en ejercicio, dieta y disciplina adecuados.*

132. **English**　Do in health what you had promised to do when you were sick.

 Inglés　*Haz en la salud lo que prometiste hacer cuando estabas enfermo.*

133. **Scottish**　A tired mind does bad planning.

 Escocés　*Una mente cansada hace malos planes.*

134. **Spanish**　Never lie to your physician, lawyer or priest.

 Español　*Nunca mientas a tu médico, abogado o sacerdote.*

135. **Mexican**　She who has good health is rich without knowing it.

 Mexicano　*Quien tiene buena salud es rico sin saberlo.*

136. **Portuguese**　If you do things in a hurry, you won't last.

 Portugués　*Si te apuras, no duras.*

137. **Venezuelan**　Money that buys health will never be ill spent.

 Venezolano　*Dinero que compra salud, nunca será malgastado.*

138. **English**   An ounce of prevention is better than a pound of cure.

    Inglés   *Una onza de prevención es mejor que una libra de curación.*

139. **Italian**   Better to wear out shoes than sheets.

    Italiano   *Es mejor gastar los zapatos que las sábanas.*

140. **German**   Have enough health to make work a pleasure.

    Alemán   *Salud suficiente para hacer del trabajo un placer.*

141. **American**   You must sometimes stop and smell the roses.

    Americano   *A veces tienes que detenerte y oler las rosas.*

142. **Spanish**   Nature, time and patience are the three greatest physicians.

    Español   *La naturaleza, el tiempo y la paciencia son los tres grandes médicos.*

143. **Latin**   I do not live to eat, but I do eat to live.

    Latino   *No vivo para comer, como para vivir.*

144. **Japanese**   Early rising has seven advantages.

    Japonés   *Madrugar tiene siete ventajas.*

145. **African** Sitting in one place makes one sleepy.
     Africano *Sentarse en un lugar da sueño.*

146. **Czech** Cherish the body and you harm the soul.
     Checo *Adorar al cuerpo perjudica al alma.*

147. **Greek** Good humor is a person's wings.
     Griego *El buen humor son las alas de una persona.*

148. **Jewish** If you wish to live long, eat iron.
     Judío *Si deseas vivir mucho, come hierro.*

149. **Scottish** Meat and potatoes in winter, fruits and vegetables in summer.
     Escocés *Carne y papas en invierno, frutas y vegetales en verano.*

150. **Persian** She who possesses health, possesses a thousand blessings.
     Persa *Quien posee salud, posee mil bendiciones.*

151. **Hindu** Evil thoughts and passions are but different forms of diseases.
     Hindú *Los pensamientos y las malas pasiones no son sino diferentes enfermedades.*

152. **English**   True happiness is impossible without true health, and true health is impossible without control of the palate.

Inglés   *La felicidad verdadera es imposible sin la salud verdadera y la salud verdadera es imposible sin el control del paladar.*

❦

153. **Spanish**   Know what to eat, how to eat and why to eat.

Español   *Saber qué comer, cómo comer y por qué comer.*

❦

154. **Greek**   The universe within reflects the universe without.

Griego   *El universo interior refleja el universo exterior.*

❦

155. **Hindu**   Control your breath and you control your mind, control your mind and you control your thoughts.

Hindú   *Controlar tu respiración y controlar tu mente, controlar tu mente y controlar tus pensamientos.*

❦

156. **English**   One person's food may be another's poison.

Inglés   *La comida de uno puede ser el veneno de otro.*

❦

157. **Puerto Rican**   Habits once formed are difficult to shed.

Puertorriqueño   *Los hábitos, una vez formados, son difíciles de desechar.*

❦

158. **Native American** As a person eats, so shall he or she become.

Americano nativo *Como come una persona, así será.*

159. **Arabic** Self-restraint and non indulgence is the rule of health.

Árabe *Autorestricción, y no la glotonería, es la regla de la salud.*

160. **American** No matter what amount of work one has, one should always find some time for exercise.

Americano *No importa la cantidad de trabajo que tenga uno, siempre debe de encontrarse algún tiempo para hacer ejercicio.*

161. **Chinese** The mind enjoys peace during silence.

Chino *La mente disfruta de paz durante el silencio.*

162. **Irish** Have the habit of looking on the bright side of things.

Irlandés *Ten el hábito de ver las cosas por su lado positivo.*

163. **French** How you feel starts from the inside.

Francés *El modo en que te sientes emana del interior.*

164. **Bulgarian** From walking, something; from sitting, nothing.

Búlgaro *De caminar, algo; de sentarse, nada.*

165. **Jewish**   Who is of a merry heart has a continual feast.

     Judío   *Quien es de corazón alegre, tiene una fiesta continua.*

166. **Arabic**   One day in perfect health is a lot.

     Árabe   *Un día de perfecta salud es mucho.*

5
Beauty
Belleza

Beauty is silent eloquence.
Portuguese proverb

La belleza es elocuencia silenciosa.
Proverbio portugués

1. **Italian** Beauty begins in the heart.
   Italiano *La belleza empieza en el corazón.*

❊

2. **English** A thing of beauty is a joy forever.
   Inglés *Una cosa bella es un placer duradero.*

❊

3. **German** Grace is beauty in motion.
   Alemán *La gracia es la hermosura en movimiento.*

❊

4. **American** A beautiful body is never ashamed of itself.
   Americano *Un cuerpo hermoso nunca se avergüenza de sí mismo.*

❊

5. **French** Pretty sells more easily than good.
   Francés *Lo bonito se vende más fácil que lo bueno.*

❊

6. **Latin** There is no beauty without comparision.
   Latino *No hay belleza sin comparación.*

7. **French** Remember, being hurried doesn't make you look good.

    Francés *Recuerda, estar apresurada no te hace ver bien.*

❋

8. **Mexican** The world is full of beautiful things and you are one of them.

    Mexicano *El mundo está lleno de cosas bellas y tú eres una de ellas.*

❋

9. **Venezuelan** Always have something beautiful in sight.

    Venezolano *Siempre ten algo bello a la vista.*

❋

10. **Greek** Beauty is a short term tyranny.

    Griego *La belleza es una tiranía de corta duración.*

❋

11. **French** Love beautifies.

    Francés *El amor embellece.*

❋

12. **English** Beauty is as beauty does.

    Inglés *La belleza es lo que embellece.*

❋

13. **Portuguese**   Beauty is silent eloquence.

     Portugués   *La belleza es elocuencia silenciosa.*

14. **Spanish**   A woman sure of her appearance has the world in the palm of her hand.

     Español   *Una mujer segura de su apariencia tiene el mundo en sus manos.*

15. **Mexican**   There is beauty in everything you do with love.

     Mexicano   *Hay belleza en todo lo que uno hace con amor.*

16. **Spanish**   Well made-up, there is no ugly woman.

     Español   *Arreglada, no hay mujer fea.*

17. **French**   A good figure is better than a reference letter.

     Francés   *Una buena figura es mejor que una recomendación.*

18. **African**   Beauty rides on a lion.

     Africano   *La belleza monta sobre un león.*

19. **Greek**   Beauty, when naked, is when it is best dressed.

    Griego   *La belleza desnuda es cuando está mejor vestida.*

❦

20. **American**   Beauty is only skin deep.

    Americano   *La belleza es solamente superficial.*

❦

21. **Mexican**   Beauty is only that which pleases.

    Mexicano   *Sólo es hermoso lo que agrada.*

❦

22. **Japanese**   Tranquility of body and mind reflects a certain inner beauty.

    Japonés   *La tranquilidad de cuerpo y mente refleja cierta belleza interior.*

❦

23. **Hindu**   Things that are natural are never without a certain grace and excellence.

    Hindú   *Las cosas que son naturales nunca se hallan sin algo de gracia y excelencia.*

❦

24. **Dutch**   Tell people that they are beautiful.

    Holandés   *Di a las personas que ellas son hermosas.*

25. **Italian**   Gracefulness is more beautiful than beauty itself.
     Italiano   *La gracia es más bella aún que la belleza.*

✳

26. **Russian**   Pretty lips like to smile.
     Ruso   *Los labios hermosos gustan al sonreír.*

✳

27. **Mexican**   Everything is transmittable except beauty.
     Mexicano   *Todo se pega menos la hermosura.*

✳

28. **American**   You are as beautiful as you feel.
     Americano   *Eres tan bella como te sientes.*

29. **Colombian** Simplicity has it's own appeal.
     Colombiano *La simplicidad tiene su propia atracción.*

✳

30. **English**   Exuberance is beauty.
     Inglés   *La exuberancia es belleza.*

31. **Spanish**   True beauty consists of purity of heart.
    Español   *La belleza verdadera consiste en la pureza del corazón.*

32. **Latin**   A beautiful exterior is a dangerous seductor.
    Latino   *Un exterior hermoso es un seductor peligroso.*

33. **Spanish**   There cannot be grace where there is no discretion.
    Español   *No puede haber gracia donde no hay discreción.*

34. **American**   Looks are not everything.
    Americano   *Las apariencias no son todo.*

35. **French**   There is nothing beautiful except the truth.
    Francés   *No hay nada hermoso sino lo verdadero.*

36. **English**   Beauty is in the eye of the beholder.
    Inglés   *La belleza está en el ojo de quien la contempla.*

37. **French**   Eat to please thyself, but dress to please others.

     Francés   *Come para darte placer, pero vístete para dar placer a otros.*

38. **Irish**   Age before beauty.

     Irlandés   *La edad antes que la belleza.*

39. **German**   Beauty has always been compared to a delicate flower and love to a fleeting butterfly.

     Alemán   *La hermosura siempre ha sido comparada con una flor delicada y el amor con una ligera mariposa.*

40. **Mexican**   It doesn't matter if a woman isn't pretty as long as she acts as if she is.

     Mexicano   *No importa que una mujer no sea bonita si se porta como si lo fuera.*

41. **French**   Curiosity doesn't tend so much toward the good and the beautiful, as it does toward the rare and unique.

     Francés   *La curiosidad no se inclina tanto a lo bueno y bello como a lo raro y único.*

42. **Mexican** Dress slowly if you are in a hurry.

    Mexicano *Vístete despacio si tienes prisa.*

43. **Chinese** Grace and beauty are very insignificant when they are only external.

    Chino *La gracia y la belleza son muy poca cosa cuando son sólo externas.*

44. **American** The medium should be every bit as attactive as the message.

    Americano *El medio debiera ser tan atractivo como el mensaje.*

45. **Mexican** Tranquility and serenity never lose their beauty.

    Mexicano *La calma y la serenidad jamás pierden su belleza.*

46. **Portuguese** A well made-up woman, takes her husband away from another door.

    Portugués *La mujer arreglada mantiene al marido lejos de otra puerta.*

47. **English** Beauty is bought by judgement of the eye.

    Inglés *La belleza se compra por el juicio del ojo.*

48. **Mexican** The luck of the ugly woman, is wished for by the beautiful one.

  Mexicano *La suerte de la fea, la bonita la desea.*

49. **French** Natural grace is to the body what common sense is to the spirit.

  Francés *La gracia natural es al cuerpo lo que el sentido común es al espíritu.*

50. **French** The woman that esteems herself more for the qualities of her soul or spirit instead of her beauty, is superior to her sex.

  Francés *La mujer que se estima a sí misma más por las cualidades de su alma o de su espíritu que por su belleza, es superior a su sexo.*

51. **French** If Cleopatra's nose would have been a few lines shorter, the map of the world no doubt would be different.

  Francés *Si la nariz de Cleopatra hubiese sido más corta, sin duda la faz de la tierra habría sido diferente.*

52. **American**   If you don't flaunt your good looks, don't shy away from their benefits either.

    Americano   *Si no eres coqueta, tampoco rehuyas de sus beneficios.*

❋

53. **Swedish**   If you're too perfect, you're not beautiful.

    Sueco   *Si eres demasiado perfecta, no eres bella.*

❋

54. **Mexican**   Every intelligent woman is beautiful.

    Mexicano   *Toda mujer inteligente es hermosa.*

❋

55. **Hindu**   The beautiful souls are the only ones that know all the greatness that there is in goodness.

    Hindú   *Las almas bellas son las únicas que saben todo lo grande que hay en la bondad.*

❋

56. **Mexican**   There is no ugly woman without grace, nor a beautiful one without a defect.

    Mexicano   *No hay mujer fea sin gracia, ni bonita sin defecto.*

❋

57. **Arabic**   If you take care of the bud, the rose will be beautiful.

     Árabe   *Si cuidas el capullo, la rosa será hermosa.*

❀

58. **Italian**   Women do not know the power of their flirt.

     Italiano   *Las mujeres no saben el poder de su coqueteo.*

❀

59. **French**   By candlelight a goat looks like a lady.

     Francés   *Bajo la luz de un candelero, una cabra se parece a una dama.*

❀

60. **Latin**   The true goddess is recognized by her walk.

     Latino   *La verdadera diosa se reconoce por su andar.*

❀

61. **French**   When a beautiful woman speaks, she is always right.

     Francés   *Cuando habla una mujer bella, siempre tiene la razón.*

❀

62. **Italian**   In matters of elegance and grace, the detail is as important as the essential.

     Italiano   *En asuntos de elegancia y gracia, el detalle es tan importante como lo esencial.*

❀

63. **Arabic**   Beauty is a favor from heaven, intelligence is it's gift.

   Árabe   *La belleza es un favor del cielo, la inteligencia es su regalo.*

64. **American**   Be aware of how you look from the back.

   Americano   *Sé consciente de cómo te ves por atrás.*

65. **Spanish**   Even though your purse is empty, make sure that your hat is on straight.

   Español   *Aunque tu bolsillo esté vacío, procura que tu sombrero esté recto.*

66. **French**   There are no ugly people, only lazy ones.

   Francés   *No hay gente fea, solamente gente floja.*

67. **Hungarian**   Leave them while you're looking good.

   Húngaro   *Déjalos mientras te ves bien.*

68. **American**   A pedestal is a prison just like any other small space.

   Americano   *Un pedestal es una prisión como cualquier otro espacio pequeño.*

69. **French**   Elegance is refusal.
     Francés   *La elegancia es rechazo.*

✻

70. **Mexican**   Rarely does beauty and wisdom go together.
     Mexicano   *Rara vez van juntas la belleza y la sabiduría.*

✻

71. **Persian**   A good life keeps away wrinkles.
     Persa   *Una buena vida aleja las arrugas.*

✻

72. **French**   The main purpose of fashion is to please and attract.
     Francés   *El propósito principal de la moda es agradar y atraer.*

✻

73. **English**   Vocabulary has often been called the clue to personality.
     Inglés   *A menudo se ha dicho que el vocabulario es la clave de la personalidad.*

✻

74. **Brazilian**   Ugliness consists in not making yourself interesting.
     Brasileño   *La fealdad consiste en no hacerte la interesante.*

75. **Irish**   As long as a woman can look younger than her daughter, she is completely happy.

    Irlandés   *Mientras una mujer pueda parecer más joven que su hija, estará completamente feliz.*

❊

76. **Greek**   A healthy body without a healthy mind is not beauty.

    Griego   *Un cuerpo sano sin una mente sana no es bello.*

❊

77. **French**   A beautiful woman is a delight to the eyes.

    Francés   *Una mujer hermosa es una delicia para los ojos.*

❊

78. **Polish**   Fine clothes open every door.

    Polaco   *La buena ropa abre todas las puertas.*

❊

79. **German**   Great style is born when beauty triumphs over the mediocre.

    Alemán   *El estilo nace cuando la belleza triunfa sobre lo mediocre.*

❊

80. **Latin**   It is very rare to find both honesty and beauty in the same person.

    Latino   *Es muy raro encontrar reunidas en una misma persona la honestidad y la hermosura.*

❊

81. **Mexican**   There are many beautiful things in the world, if only we take the time to find them.

    Mexicano   *Hay muchas cosas bellas en el mundo, si tan sólo nos tomáramos el tiempo para buscarlas.*

82. **Chinese**   To ruin governments or conquer vast lands: such is the power of a woman's beauty.

    Chino   *Arruinar gobiernos o conquistar grandes territorios: tal es el poder de la belleza de una mujer.*

83. **American**   It doesn't matter what a woman looks like. She's always attractive when she does something pretty.

    Americano   *No importa cómo se ve una mujer. Siempre es atractiva cuando hace algo bonito.*

84. **Spanish**   Where there is interest, ugliness is beauty.

    Español   *Por interés, lo feo hermoso es.*

85. **Italian**   All art should inspire to create beauty.

    Italiano   *Todo arte debiera inspirar para crear belleza.*

86. **Brazilian** Good humor is one of the best articles of dress one can wear in society.

   Brasileño *El buen humor es uno de los mejores artículos de vestir que uno puede usar en la sociedad.*

87. **German** All beautiful things will return.

   Alemán *Todas las cosas bellas volverán.*

88. **Polish** The first thing that women know is that they are beautiful, the first thing they learn is how strong they are.

   Polaco *La primera cosa que saben las mujeres es que son bellas; la primera cosa que aprenden es lo fuertes que son.*

89. **Italian** A beautiful wife forces one to stand guard.

   Italiano *Una esposa hermosa te obliga a montar guardia.*

90. **German** Fashion is as capricious as women.

   Alemán *La moda es tan caprichosa como la mujer.*

91. **Mexican** The way people see you, that's how they will treat you.

   Mexicano *Como te ven, te tratan.*

92. **Italiano**   In the dark all women are beautiful.

    Italiano   *En la oscuridad todas las mujeres son bellas.*

93. **German**   A woman's charm can do more than a man's courage.

    Alemán   *El encanto de la mujer puede más que la valentía del hombre.*

94. **English**   Be comfortable with who you're with, where you are and what you wear.

    Inglés   *Siéntete cómoda con quien estés, donde te encuentres y con lo que lleves puesto.*

95. **Jewish**   With a little charm and you are not ordinary.

    Judío   *Un poco de encanto y no eres ordinaria.*

96. **American**   You can never be too rich or too thin.

    Americano   *Nunca serás demasiado rica ni demasiado delgada.*

97. **French**   Personality is accented with it's use.

    Francés   *La personalidad se acentúa al ejercerla.*

98. **Persian**   The eye is not for faults, but for beauties.

   Persa   *No es el ojo para los defectos, sino para las bellezas.*

❊

99. **Arabic**   Happiness takes away ugliness and makes the beautiful even more beautiful.

   Árabe   *La dicha borra la fealdad y hace que la bella sea más bella.*

❊

100. **American**   If a woman looks good when she meets you, who cares if she's late.

   Americano   *Si una mujer se ve bien cuando se encuentra contigo, qué importa si llega tarde.*

❊

101. **Mexican**   Fine cloths and good speech, does more than money in your pocket.

   Mexicano   *Buena ropa y buena boca, hace más que buena bolsa.*

❊

102. **Latin**   The first treasure for any person is their health; the second is having been born beautiful.

   Latino   *El primer tesoro de una persona es su salud; el segundo es haber nacido bella.*

❊

103. **American** To be beautiful, look in the mirror for two minutes, look in your heart for two hours and in your soul for two days.

Americano *Para ser bella, mírate en el espejo por dos minutos, mira en tu corazón por dos horas y mira en tu alma por dos días.*

104. **French** Dress according to the hour, the place and the occasion.

Francés *Vístete de acuerdo con la hora, el lugar y la ocasión.*

105. **American** Beauty doesn't make a lady nor do clothes make a great lady.

Americano *La belleza no hace a una dama ni la ropa a una gran dama.*

106. **Spanish** A woman's hair is her crown.

Español *El cabello de una mujer es su corona.*

107. **Tibetan** Only a certain amount of perfume and jewels are beautiful.

Tibetano *Sólo cierta cantidad de perfume y joyas son belleza.*

108. **American** Attractiveness is better than beauty.

Americano *Lo atractivo es mejor que la belleza.*

109. **Italian**   Don't let women who attract attention walk behind you.

   Italiano   *No dejes que las mujeres que llaman la atención caminen detrás de ti.*

110. **Persian**   Before you let your voice be heard, first lick your lips.

   Persa   *Antes de permitir que tu voz sea escuchada, humedece tus labios.*

111. **Hindu**   There are three things that refresh the heart and reduce your grief: water, flowers and a beautiful woman.

   Hindú   *Hay tres cosas que refrescan el corazón y reducen tus aflicciones: el agua, las flores y una mujer bella.*

6

Good manners
Buenos modales

**All the beautiful thoughts in the world
are worth less than one single beautiful act.**

Arabic proverb

***Todos los pensamientos bellos del mundo
nada valen ante una sola acción hermosa.***

Proverbio árabe

1. **Arabic**   First greet, then speak.
   Árabe   *Primero saluda, después habla.*

2. **Mexican**   Courtesy costs nothing and it buys everything.
   Mexicano   *La cortesía nada cuesta y compra todo.*

3. **American**   Manners, not gold, is a woman's best adornment.
   Americano   *Los modales, no el oro, son el mejor adorno de una mujer.*

4. **Arabic**   When you ask for something, do it with courtesy.
   Árabe   *Cuando pidas algo, hazlo con cortesía.*

5. **German**   In the beginning and at the end shake hands.
   Alemán   *Estrecha la mano al inicio y al final.*

6. **English**   Always be a little nicer than necessary.
   Inglés   *Siempre sé un poco más amable de lo necesario.*

7. **American**   Most smiles are started by another smile.

   Americano   *La mayoría de las sonrisas empiezan por otra sonrisa.*

8. **Spanish**   Don't go to at a wedding or a baptism, if you're not invited.

   Español   *A boda o bautizo no vayas sin ser invitado.*

9. **French**   Taste is the femenine of genius.

   Francés   *El gusto es lo femenino del genio.*

10. **English**   "After you" is good manners.

    Inglés   *"Después de usted" son buenos modales.*

11. **Chinese**   To speak well is good, but to do well is better.

    Chino   *Hablar bien es bueno, pero hacer el bien es mejor.*

12. **Polish**   If they do not open after three knocks, do not wait.

    Polaco   *Si no abren después de golpear tres veces, no esperes.*

13. **Mexican** — There is always some time left to say thank you.
    Mexicano — *Siempre te quedará tiempo para decir gracias.*

14. **Arabic** — The best visits are the shortest ones.
    Árabe — *Las mejores visitas son las más cortas.*

15. **Latin** — If you praise someone, be brief.
    Latino — *Si alabas a alguien, sé breve.*

16. **Jewish** — The smallest deed is better than the best intention.
    Judío — *El acto más pequeño es preferible a la mejor intención.*

17. **Turkish** — Golden words open an iron door.
    Turco — *Las palabras de oro abren una puerta de hierro.*

18. **Venezuelan** — Don't look at a torn dress.
    Venezolano — *No mires un vestido roto.*

19. **Brazilian**   Good manners make you look beautiful.

    Brasileño   *Los buenos modales te hacen ver bella.*

20. **Mexican**   Where there are no women, good manners do not exist.

    Mexicano   *Donde no hay mujeres no existen los buenos modales.*

21. **Latin**   Be friend with the friendly, and visit those who visit you.

    Latino   *Sé amigo de las personas amistosas y visita a los que te visiten.*

22. **Chinese**   Act as if you were watching over an infant.

    Chino   *Actúa como si estuvieras cuidando a una criatura.*

23. **American**   Too much courtesy means "I want something".

    Americano   *Demasiado cortesía significa "quiero algo".*

24. **Persian**   Women have traditionally created an environment for courtesy.

    Persa   *Las mujeres han creado tradicionalmente un ambiente para la cortesía.*

25. **Irish** There is luck in sharing something.
    Irlandés *Hay suerte en compartir una cosa.*

26. **African** A courteous person is never a useless person.
    Africano *Una persona cortés nunca es una persona inútil.*

27. **Chinese** Kindness overcomes evil like water overcomes fire.
    Chino *La bondad vence a la maldad como el agua al fuego.*

28. **Mexican** A lady should always stand when she receives a gift.
    Mexicano *Una dama debiera ponerse de pie siempre que reciba un regalo.*

29. **French** A smile is a social duty.
    Francés *Sonreír es un deber social.*

30. **Italian** The closer you come in a relationship with a person, the more necessary courtesy become important.
    Italiano *Entre más te relacionas con una persona, más indispensable es la cortesía.*

31. **American**   Three things in human life are important. The first is to be kind. The second is to be kind and the third is to be kind.

    Americano   *Tres cosas en la vida humana son importantes. La primera es ser bondadoso. La segunda es ser bondadoso y la tercera es ser bondadoso.*

32. **Spanish**   To my aunt's house, but not everyday.

    Español   *A casa de mi tía, más no cada día.*

33. **German**   Wheat and gratitude grow only in good earth.

    Alemán   *El trigo y la gratitud sólo crecen en buena tierra.*

34. **American**   Always treat your mate like a date.

    Americano   *Siempre trata a tu pareja como en la primera cita.*

35. **Chinese**   Wealth without courtesy is worthless.

    Chino   *La riqueza sin cortesía no vale nada.*

36. **French**   Sincerity is opening the heart.

    Francés   *La sinceridad es abrir el corazón.*

37. **Mexican**   At the table one should always maintain a light and pleasant conversation.

    Mexicano   *En la mesa siempre se debe de sostener una conversación ligera y agradable.*

38. **Chinese**   In character, in manners, in style, as in all things, the supreme excellence is simplicity.

    Chino   *En carácter, en modales, en estilo, en todas las cosas, la excelencia suprema es la simplicidad.*

39. **Portuguese**   A woman is more like a gentleman than a man.

    Portugués   *Hay más caballerosidad en una mujer que en un hombre.*

40. **Spanish**   Our conduct is the only proof of the sincerity of our heart.

    Español   *Nuestra conducta es la única prueba de la sinceridad de nuestro corazón.*

41. **Arabic**   She who gives unasked gives twice.

    Árabe   *Dar sin pedir es dar dos veces.*

42. **Mexican**   With good manners you will achieve what you could not with bad manners.

    Mexicano   *Con buenos modos lograrás lo que no podrás con malos.*

43. **American**   It's nice to be important but it's more important to be nice.

    Americano   *Es agradable ser importante, pero es más importante ser agradable.*

44. **Italian**   You can stroke people with words.

    Italiano   *Puedes acariciar a la gente con palabras.*

45. **Jewish**   The gift is not as precious as the thought.

    Judío   *Un regalo no es tan precioso como el pensamiento.*

46. **English**   Among roses, be a rose; among thorns, be a thorn.

    Inglés   *Entre rosas, sé una rosa; entre espinas, sé un espino.*

47. **American**   Ten days notice is good etiquette.

    Americano   *Diez días de aviso es buena etiqueta.*

48. **French**   You must at some time during dinner talk to both of your neighbors.

   Francés   *En algún momento durante la cena tienes que hablar con tus vecinos.*

49. **English**   Superior people never make long visits.
   Inglés   *La gente superior nunca hace visitas largas.*

50. **Greek**   A smile opens many a door.
   Griego   *Una sonrisa abre muchas puertas.*

51. **Spanish**   Birth is much, but breeding is more.
   Español   *El nacimiento es mucho, pero la crianza es más.*

52. **Japanese**   Manners speak louder than words.
   Japonés   *Los modales dicen más que las palabras.*

53. **American**   Never make fun of or belittle any compliment.
   Americano   *Nunca desprecies ni te burles de un halago.*

54. **German**   The greatest gift that you can give someone is your most sincerest attention.

    Alemán   *El regalo más grande que puedes dar a alguien, es tu más sincera atención.*

55. **French**   In this world, one must be a little kinder to be kind enough.

    Francés   *En este mundo, uno tiene que ser un poco más amable para ser suficientemente amable.*

56. **Scottish**   Good manners help to make a person nice to know.

    Escocés   *Los buenos modales de una persona hacen que sea agradable de conocer.*

57. **Mexican**   We always greet the woman first.

    Mexicano   *Saludamos primero a la señora.*

58. **American**   There are two things people want more than sex and money, these are praise and recognition.

    Americano   *Hay dos cosas que la gente quiere más que sexo y dinero, y son alabanza y reconocimiento.*

59. **English**   No one pleases with silence; many please by speaking briefly.

   Inglés   *Nadie agrada por guardar silencio; muchos agradan por hablar brevemente.*

60. **Arabic**   All the beautiful thoughts in the world are worth less than one single beautiful act.

   Árabe   *Todos los pensamientos bellos del mundo nada valen ante una sola acción hermosa.*

61. **French**   When you make people wait, they begin to think of all your bad qualities.

   Francés   *Cuando haces que te esperen, empiezan a pensar en todos tus defectos.*

62. **African**   No act of kindness, no matter how small, is ever wasted.

   Africano   *Ningún acto de bondad, no importa que sea pequeño, es desperdiciado.*

63. **Jewish**   Gratitude is the fairest blossom which springs from the soul.

   Judío   *La gratitud es la flor más bella que brota del alma.*

64. **Japanese**   The place to learn basic, everyday good manners is at home.

      Japonés   *El lugar para aprender los buenos modales básicos es el hogar.*

65. **Puerto Rican**   To handle yourself, use your head, to handle other, use your heart.

      Puertorriqueño   *Para conducirte usa la cabeza, para conducir a otros, usa el corazón.*

66. **Mexican**   As soon as a woman makes her entrance, the room is spirtually enriched.

      Mexicano   *Apenas aparece una mujer y el cuarto se enriquece espiritualmente.*

67. **Russian**   Catch people in the act of doing something good.

      Ruso   *Sorprenda a la gente mientras hace algo bueno.*

68. **Irish**   If you want a quality, act as if you already had it.

      Irlandés   *Si quieres una cualidad, actúa como si ya la tuvieras.*

69. **Mexican**   A good appearence and noble manners open important doors.

    Mexicano   *Buen porte y nobles modales abren puertas principales.*

70. **Persian**   The greatest desire a human has is to be appreciated.

    Persa   *El deseo más grande que un ser humano tiene es ser apreciado.*

71. **French**   To receive a present handsomely and in the right spirit, is to give one in return.

    Francés   *Para recibir un regalo galantemente y con espíritu correcto, hay que dar uno de regreso.*

72. **Spanish**   Of every one hundred praises, ninty-nine are false.

    Español   *De cada cien alabanzas, noventa y nueve son falsas.*

73. **Italian**   Always give your hand, your smile and yourself as your total value.

    Italiano   *Siempre extiende la mano, sonríe y entrégate en tu valor total.*

74. **Chinese**   Kindness in words creates confidence, kindness in thinking creates profoundness, kindness in giving creates love.

        Chino   *La bondad en las palabras crea confianza; la bondad al pensar crea profundidad; la bondad al dar crea amor.*

75. **American**   Respect for another person's privacy is a cardinal principle of etiquette.

        Americano   *El respeto a la privacidad de otra persona es un principio fundamental de la etiqueta.*

76. **French**   Good taste is good taste everywhere.

        Francés   *Buen gusto es buen gusto dondequiera.*

77. **Jewish**   When someone does something good, applaud. You will make two people happy.

        Judío   *Cuando alguien haga algo bueno, aplaude: dos personas serán felices.*

78. **English**   A lady is a woman in whose presence a man is a gentleman.

        Inglés   *Una dama es una mujer ante la cual un hombre es un caballero.*

79. **Rumanian** There is nothing more vulgar than haste.

    Rumano *No hay nada más vulgar que la prisa.*

80. **Mexican** You catch more flies with honey than with vinegar.

    Mexicano *Atrapas más moscas con miel que con hiel.*

81. **Hindu** Smiles are the soul's kisses.

    Hindú *Las sonrisas son los besos del alma.*

82. **French** He who doesn't have courtesy, is not a "man" but a "thing".

    Francés *Quien no es cortés no es un "hombre" sino una "cosa".*

83. **Persian** Personality brings money, money does not bring personality.

    Persa *La personalidad trae dinero, el dinero no trae personalidad.*

84. **Italian** It's an art knowing how to return a favor.

    Italiano *Es un arte saber cómo devolver un favor.*

85. **Hindu**   Kind words should be short and easy to say.

    Hindú   *Las palabras amables debieran ser cortas y fáciles de pronunciar.*

86. **American**   Do all the good you can, by all the means you can, and all the ways you can, to all the people you can, for as long as you can.

    Americano   *Haz todo el bien que puedas, por todos los medios disponibles, de todas las maneras posibles, al mayor número de personas, por el mayor tiempo de que seas capaz.*

87. **Mexican**   Give of your food and your compliments.

    Mexicano   *Da de tu comida y de tus halagos.*

88. **Arabic**   She who repairs her own faults, does not bother with the faults of others.

    Árabe   *Quien repara en sus propios defectos, no se ocupa de los defectos de los demás.*

89. **Mexican**   Don't do good things that appear to look bad.

    Mexicano   *No hagas cosas buenas que parezcan malas.*

90. **Greek**   Forgetting is a sign of contempt, and that is why it causes so
                  much anger.

    Griego   *El olvido es señal de menosprecio y, por lo tanto, causa enojo.*

91. **English**   One should wait for someone only in style.

    Inglés   *Uno debiera esperar a alguien solamente con estilo.*

92. **Persian**   Keep your own secrets, don't ever give them to others to keep.

    Persa   *Guarda tus propios secretos, nunca los des a guardar a otros.*

93. **Hungarian** Two important things are to have a genuine interest in people
                  and be kind to them. Kindness, I've discovered is everything
                  in life.

    Húngaro   *Dos cosas importantes son tener un interés sincero en las
                  personas y ser bondadoso con ellas. He descubierto que la
                  bondad, es todo en la vida.*

94. **Arabic**   Good manners also consists in putting up with people's rudeness.

    Árabe   *Los buenos modales también consisten en tolerar la grosería de
                  la gente.*

95. **American**   The most important trip you may take in life is meeting people halfway.

    Americano   *El viaje más importante que tomarás en la vida es el de llegar a un acuerdo con la gente.*

96. **French**   In society, it is etiquette for ladies to have the best chairs and get served things. In the home the reverse is the case. That is why ladies are more sociable than men.

    Francés   *En sociedad, es cortés que las damas tomen los mejores lugares y que sean servidas. En la casa todo ocurre al revés. Por eso, las damas son más sociales que los hombres.*

97. **American**   Positive people are welcomed everywhere because they are outgoing in their lives.

    Americano   *La gente positiva es bienvenida en cualquier lugar porque es extrovertida en su vida.*

98. **English**   Probably one of the toughest problems faced by a lot of people nowadays is learning good manners without seeing any.

    Inglés   *Tal vez, uno de los problemas más difíciles que hoy día enfrenta mucha gente es aprender buenos modales sin ver ninguno.*

99. **American**   Keep in mind that the true measure of an individual is how he treats a person who can do him absolutely no good.

    Americano   *Ten en cuenta que la medida verdadera de un individuo es la forma en que trata a una persona que no puede hacerle ningún bien.*

←

100. **Chinese**   The old can always learn something from the young. The young can always learn something from the old.

    Chino   *Los viejos siempre pueden aprender algo de los jóvenes. Los jóvenes siempre pueden aprender algo de los viejos.*

←

101. **Persian**   Swift gratitude is the sweetest.

    Persa   *La gratitud inmediata es la más dulce.*

←

102. **Chinese**   Good manners needs at every step along the way a great virtue, which is patience.

    Chino   *Los buenos modales necesitan a cada paso del camino de una gran virtud, que es la paciencia.*

103.   **Greek**   The doors of courtesy have two keys. One is "thank you", and the other is "please".

   Griego   *Las puertas de la cortesía tienen dos llaves. Una es "gracias" y la otra es "por favor".*

104.   **English**   Punctuality is the politeness of kings.

   Inglés   *La puntualidad es la cortesía de los reyes.*

105.   **English**   A brilliant person never misses an opportunity to give a compliment.

   Inglés   *Una persona brillante nunca pierde una oportunidad para dar un cumplido.*

106.   **Mexican**   Always use your best manners, equally at the most elegant banquet or at the humble table of a country peasant.

   Mexicano   *Usa siempre tus mejores modales, tanto en el banquete más elegante como en la humilde mesa de un campesino.*

107.   **Mexican**   If you are accompanying a lady, you should not look at another.

   Mexicano   *Si acompañas a una mujer, no debes de mirar a otra.*

108. **Spanish**   A truly refined and well educated person, never speaks badly about anyone.

     Español   *Una persona verdaderamente culta y bien educada, jamás se ocupa de hablar mal de nadie.*

109. **American**   Be kind. Remember everyone you meet is fighting a difficult battle.

     Americano   *Sé bondadoso. Recuerda que todos los que encuentres están peleando una batalla difícil.*

110. **American**   People like the human touch, shaking hands, a hug or just a friendly pat on the back.

     Americano   *La gente gusta del contacto humano, estrechar las manos, un abrazo o simplemente una amable palmada en la espalda.*

111. **French**   Good manners are to make those around you feel at ease and comfortable.

     Francés   *Los buenos modales son para que se sientan bien y tranquilos aquellos que están cerca de ti.*

112. **English**   Real character cannot be rushed.

     Inglés   *El carácter verdadero no se puede apresurar.*

113. **Brazilian**   There is no substitute for the human touch.

     Brasileño   *No hay sustituto para el contacto humano.*

114. **Italian**   Arrange your dress so that the spot does not show.

     Italiano   *Arregla tu vestido para que la mancha no se vea.*

115. **Arabic**   Gifts break rocks.

     Árabe   *Los regalos rompen piedras.*

116. **Mexican**   They who come with a gift, don't need to wait long at the door.

     Mexicano   *Los que vienen con un regalo no necesitan esperar mucho en la puerta.*

117. **Persian**   If your heart is a rose, then your mouth will speak perfumed words.

    Persa   *Si tu corazón es una rosa, tu boca dirá palabras perfumadas.*

118. **Hindu**   Good people, like clouds, receive only to give away.

    Hindú   *La gente buena, como las nubes, recibe sólo para dar.*

119. **Spanish**   Thanks cost nothing.

    Español   *Dar las gracias no cuestan nada.*

120. **African**   Smile… heaven is watching.

    Africano   *Sonríe… el cielo te está observando.*

121. **Cuban**   Life is short but a smile takes barely a second.

    Cubano   *La vida es corta, pero una sonrisa toma apenas un segundo.*

7
Virtue
Virtud

A modest and honest woman is the most valuable jewel in the world.

Spanish proverb

Una mujer sencilla y honesta es la joya más valiosa del mundo.

Proverbio español

1. **Latin**   Love teaches us all the virtues.

   Latino   *El amor nos enseña todas las virtudes.*

2. **English**   Virtue is fairer than beauty.

   Inglés   *La virtud es más hermosa que la belleza.*

3. **Mexican**   She who is rich in virtue is like a child.

   Mexicano   *Quien es rico en virtud es como un niño.*

4. **German**   A beautiful, young virtuous woman is the most beautiful object that nature can offer in our life.

   Alemán   *Una joven bella y virtuosa es el objeto más hermoso que la naturaleza puede ofrecer a nuestra vida.*

5. **Hindu**   God speaks when there is silence in the heart.

   Hindú   *Dios habla cuando hay silencio en el corazón.*

6. **Greek**   Modesty in women is the richest of their dowry.

   Griego   *El pudor en las mujeres es la más rica de sus dotes.*

7. **Spanish**   Virtue always invites one to be loved.

    Español   *La virtud siempre invita a ser amada.*

8. **Dutch**   A woman's virtue is beautiful. A man's virtue should be noble.

    Holandés   *La virtud de la mujer es una virtud bella. La virtud del hombre debe ser noble.*

9. **American**   Life begets life. Energy begets energy. Only if we give, do we become rich.

    Americano   *La vida engendra vida. La energía engendra energía. Sólo si damos, nos enriquecemos.*

10. **English**   You can never be too kind to someone who has been hurt.

    Inglés   *Nunca podrás ser demasiado bondadoso con alguien que ha sido lastimado.*

11. **Italian**   Actions show more sincerity than words.

    Italiano   *Las acciones son más sinceras que las palabras.*

12. **Jewish**   The true wealth of a man is to have a virtuous wife.

    Judío   *La verdadera fortuna de un hombre consiste en tener una mujer virtuosa.*

13. **French**   Virtue, study and happiness are three sisters that should not live separately.

    Francés   *La virtud, el estudio y la alegría, son tres hermanas que no deben de vivir separadas.*

14. **Spanish**   Virtue has in itself everything, and everything is lacking in those who do not have it.

    Español   *La virtud tiene en sí todas las cosas y todas le faltan a quien no la tiene.*

15. **American**   When God measures a person, he puts the tape around the heart and not the head.

    Americano   *Cuando Dios mide a una persona, pone la cinta alrededor del corazón y no de la cabeza.*

16. **Mexican**   The virtue of children is the living testimony of the virtue of the parents.

   Mexicano   *La virtud de los hijos consiste en vivir el testimonio de la virtud de sus padres.*

17. **English**   It is good to forgive, but better to forget.

   Inglés   *Bueno es perdonar, mejor es olvidar.*

18. **Japanes**   If you don't want anyone to know it, don't do it.

   Japonés   *Si no quieres que nadie sepa, no lo hagas.*

19. **Mexican**   Nobility is being illustrious through virtue.

   Mexicano   *La nobleza es ser ilustre por las virtudes.*

20. **German**   Distrust the woman who talks about her virtue and the man who talks about his honesty.

   Alemán   *Desconfía de la mujer que habla de su virtud y del hombre que habla de su honestidad.*

21. **Spanish**   A modest and honest woman is the most valuable jewel in the world.

    Español   *Una mujer sencilla y honesta es la joya más valiosa del mundo.*

22. **American**   When you forgive, you in no way change the past but you sure do change the future.

    Americano   *Cuando perdonas, nunca cambias el pasado pero seguramente cambias el futuro.*

23. **English**   A clean heart is not driven back easily.

    Inglés   *Un corazón limpio no se intimida con facilidad.*

24. **Latin**   A good conscience is the first blessing we mortals are capable of, the second is good health.

    Latino   *Una buena conciencia es la primera bendición que nosotros, los mortales, somos capaces de tener, la segunda es una buena salud.*

25. **Jewish**   Virtue is the habit of doing good.

    Judío   *La virtud es el hábito de hacer el bien.*

26. **Persian**   It is strength that makes all other virtues possible.
    Persa   *La fuerza hace que las otras virtudes sean posibles.*

27. **German**   Kindness is the beauty of virtue.
    Alemán   *La amabilidad es la belleza de la virtud.*

28. **American**   People are forgetting how to blush.
    Americano   *La gente está olvidando cómo sonrojarse.*

29. **Latin**   Honor is nothing more than respect for one'self.
    Latino   *El honor no es otra cosa que el respeto a sí mismo.*

30. **Persian**   The power of faith overcomes all others.
    Persa   *El poder de la fe supera todos los demás.*

31. **English**   Whenever light enters darkness, the darkness is eliminated.
    Inglés   *Siempre que la luz penetra la oscuridad, ésta es eliminada.*

32. **Hindu**   We are only a drop of water in the sea.

    Hindú   *Sólo somos una gota de agua en el mar.*

33. **Arabic**   There is a feminine moral and a masculine moral like beginning chapters of the book of human moral.

    Árabe   *La moral femenina y la moral masculina son los capítulos iniciales de un libro de moral humana.*

34. **Italian**   After love, what most attracts love is virtue.

    Italiano   *Después del amor, lo que más atrae al amor es la virtud.*

35. **Jewish**   Virtue and happiness are mother and daughter.

    Judío   *La virtud y la felicidad son madre e hija.*

36. **Hindu**   Treat me special for I am a child of God.

    Hindú   *Trátame de manera especial porque soy hijo de Dios.*

37. **Latin**   She who is modest is ashamed to talk about modesty.

    Latino   *Quien es humilde se avergüenza de hablar de humildad.*

38. **Latin**   Virtue is an art that must be learned.

    Latino   *La virtud es un arte que debe ser aprendido.*

39. **Italian**   An ounce of reputation is worth more than a thousand pounds of gold.

    Italiano   *Una onza de reputación es más valiosa que mil libras de oro.*

40. **Chinese**   Do not think any vice trivial, and so practice it; do not think any virtue trivial, and so neglect it.

    Chino   *No pienses que ningún vicio es trivial, y por eso lo practiques; no pienses que ninguna virtud es trivial, y por eso la dejes.*

41. **Chinese**   The burden which one chooses is not felt.

    Chino   *La carga que uno escoge no se siente.*

42. **Japanese**   To appreciate other people's virtue, is to make them ours.

    Japonés   *Apreciar las virtudes que otros poseen, es hacerlas nuestras.*

43. **Japanese**   Virtue consists not in abstaining from vice, but in not desiring it.

    Japonés   *La virtud no consiste en abstenerse del vicio, sino en no desearlo.*

44. **Latin**   Virtue is its own reward.

    Latino   *La virtud es premio de sí misma.*

45. **African**   She who forgives ends the quarrel.

    Africano   *Quien perdona, termina la querella.*

46. **Jewish**   People were created with a dual image, separated into two bodies: man and woman.

    Judío   *La gente fue creada con una imagen dual separada en dos cuerpos: hombre y mujer.*

47. **Latin**   God looks upon the pure hands, and not the hands that are full.

    Latino   *Dios mira las manos puras y no las manos llenas.*

48. **Swiss**   Modesty is the true beauty of a woman.

    Suizo   *La modestia es la verdadera belleza de una mujer.*

49. **English**   A good heart is worth more than all the heads in this world.

    Inglés   *Un corazón bueno vale más que todas las cabezas de este mundo.*

50. **American** People will invariably judge your worth by the value you set on yourself.

    Americano *La gente invariablemente juzgará tu valor por el valor que tú misma te pones.*

51. **Jewish** Happy is the person who leaves this life as pure as when she entered it.

    Judío *Feliz la persona que sale de la vida tan pura como entró.*

52. **German** Perseverence is the virtue thanks to which, the other virtues give their fruit.

    Alemán *La perseverancia es la virtud gracias a la cual las demás virtudes dan su fruto.*

53. **Arabic** A woman without modesty is like a dish without salt.

    Árabe *Una mujer sin modestia es como una comida sin sal.*

54. **Latin** The one and only nobility is virtue.

    Latino *La sola, la única nobleza es la virtud.*

55. **Turkish**   Modesty is a woman's best garment.

    Turco   *La modestia es el mejor vestido de una mujer.*

56. **English**   Modesty gives women the aid of imagination, and that is to give it life.

    Inglés   *La modestia da a la mujer el auxilio de la imaginación, y esto es darle la vida.*

57. **Spanish**   Only virtue unites and joins the soul with God.

    Español   *Sólo la virtud une y junta el alma con Dios.*

58. **Latin**   The weakest of weak things is a virtue which has not been tested.

    Latino   *Lo más débil de las cosas débiles es una virtud que no ha sido puesta a prueba.*

59. **Spanish**   Where there is no shame, there is no virtue.

    Español   *Donde no hay vergüenza, no hay virtud.*

♣

60. **Portuguese**   Good is she who has health, and better she who has virtue.

     Portugués   *Bien está quien tiene salud y mejor quien tiene virtud.*

61. **Dutch**   Do good and don't look back.

     Holandés   *Haz el bien y no mires atrás.*

62. **Italian**   Beauty doesn't last but for a moment; yet virtue is inmortal.

     Italiano   *La belleza no dura sino un momento; la virtud es inmortal.*

63. **Latin**   The love for one's parents is the fundamental of all the virtues.

     Latino   *El amor por los padres es el fundamento de todas las virtudes.*

64. **Chinese**   I still haven't meet anyone that loves virtue as much as they love physical beauty.

     Chino   *Aún no conozco a nadie que ame tanto la virtud como a la belleza física.*

65. **Hindu**   Character is based on virtuous action, and virtuous action is based on truth.

     Hindú   *El carácter está basado en las acciones virtuosas y las acciones virtuosas están basadas en la verdad.*

66. **American**   Blushing is a sign of virtue.
    Americano   *Sonrojarse es indicio de virtud.*

67. **Jewish**   When one does good, one should do it with joy.
    Judío   *Cuando se hace el bien, hay que hacerlo con alegría.*

68. **French**   Modesty confers to women an irresistable fascination.
    Francés   *La modestia confiere a las mujeres una fascinación irresistible.*

69. **Jewish**   Treat that person who is not virtuous as if he were, and he will become virtuous.
    Judío   *Trata a quien no es virtuoso como si lo fuera y se volverá virtuoso.*

70. **Kurdish**   Giving comes from the heart, not from riches.
    Kurdo   *Dar sale del corazón, no de las riquezas.*

71. **Welsh**   Do good and then do it again.
    Galés   *Hazlo bien y luego hazlo otra vez.*

72. **Arabic**   Gratitude is the highest of the virtues.

    Árabe   *La gratitud es la más elevada de las virtudes.*

73. **Italian**   The kindest quality of a superior man or woman is modesty.

    Italiano   *La cualidad más estimada del hombre o mujer superiores es la modestia.*

74. **Spanish**   The fair and righteous woman is conquered with gentleness.

    Español   *La mujer bella y honesta se conquista con gentileza.*

75. **Chinese**   Allow me to think more about my neighbor and a little less of myself.

    Chino   *Déjame pensar más en mi vecino y un poco menos en mí.*

76. **American**   Doing good starts in your own backyard.

    Americano   *Hacer el bien empieza en tu propia casa.*

♣

77. **Latin**   One should give charity with one's own money, not with someone else's.

     Latino   *Hay que dar limosna con el dinero propio, no con el de los demás.*

78. **Mexican**   If there is anything under heaven that deserves to be praised and esteemed, it is a good woman.

     Mexicano   *Si debajo del cielo hay cosa que merezca ser estimada y preciada, es una mujer buena.*

79. **Spanish**   For a chaste woman, God is sufficient.

     Español   *A la mujer casta, Dios le basta.*

80. **American**   Even a flower should be modest.

     Americano   *Hasta una flor debe de ser modesta.*

81. **English**   She who does not respect herself is not respected by others.

     Inglés   *Quien no se respeta a sí mismo no es respetado por los demás.*

82. **American**   The qualities we possess never make us look as ridiculous as those we pretend to have.

   Americano   *Las cualidades que poseemos, nunca nos hacen ver tan ridículos como aquellas que pretendemos tener.*

83. **Cuban**   What we obtain too easily or cheaply, we esteem too lightly.

   Cubano   *Lo que obtenemos demasiado fácil o barato, lo apreciamos poco.*

84. **Chinese**   There are many who look for beautiful women. A beautiful woman doesn't ever have to leave her house to be sought after. On the other hand, there are not many who look for virtuous women.

   Chino   *Son muchos los que buscan a las mujeres bonitas. Una mujer bonita no tiene necesidad de salir de su propia casa para que la busquen. En cambio, no son muchos los que buscan a las mujeres virtuosas.*

85. **Arabe**   The hand that gives is above the hand that receives.

   Árabe   *La mano que da está por encima de la mano que recibe.*

Part II
Parte II

8

Men

Hombres

Never ask a man a favor, until he has had his dinner.
Hungarian proverb

Nunca pidas un favor a un hombre hasta que haya cenado.
Proverbio húngaro

1. **Mexican**   Brother loves sister, while he still doesn't have a lady.

   Mexicano   *Hermano quiere a hermana, mientras no tiene dama.*

2. **Mexican**   A man should never hit a woman, not even with a rose petal.

   Mexicano   *Un hombre nunca debe de golpear una mujer, ni con el pétalo de una rosa.*

3. **Dutch**   What pleasure comes to a man who has found both his work and the one woman to love.

   Holandés   *Qué placer llega a tener el hombre que ha encontrado su vocación y una mujer a quien amar.*

4. **American**   Men like to brag about getting drunk and having babies, any man can do that.

   Americano   *Los hombres prefieren jactarse de emborracharse y tener bebés, empero, cualquier hombre puede hacer eso.*

5. **French**   Man's greatest gift consists in getting along with women.

   Francés   *El regalo más grande del hombre consiste en llevarse bien con las mujeres.*

6. **Mexican**   A man is the age of the woman he loves.

   Mexicano   *Un hombre tiene la edad de la mujer a la que ama.*

7. **Jewish**   Let no man value at a small price a virtuous woman's counsel.

   Judío   *Que ningún hombre valore poco el consejo de una mujer virtuosa.*

8. **American**   A man never stands so tall as when he bends down to help a child.

   Americano   *Un hombre nunca se ve tan alto como cuando se inclina para ayudar a un niño.*

9. **African**   Men say one thing and think another.

   Africano   *Los hombres dicen una cosa y piensan otra.*

10. **English**   A man is what he does, a woman is what she is.

    Inglés   *Un hombre es lo que hace, una mujer es lo que es.*

11. **Universal** All men are the same.

    Universal   *Todos los hombre son iguales.*

12. **American**   Men don't know anything until they are forty.

    Americano   *Los hombres no saben nada hasta que cumplen cuarenta años.*

13. **Italian**   Women like silent men. They think that they are listening.

    Italiano   *Las mujeres prefieren a los hombres silenciosos. Consideran que las están escuchando.*

14. **Mexican**   To be brave is always easier than it is to be a man.

    Mexicano   *Ser valiente es siempre más fácil que ser hombre.*

15. **Turkish**   Among ten men, nine women.

    Turco   *Entre diez hombres, nueve mujeres.*

16. **Russian**   Bachelors grow foolish.

    Ruso   *Los solteros crecen tontos.*

17. **American**   When a man marries, he divorces his mother.

    Americano   *Cuando un hombre se casa, se divorcia de su madre.*

18. **American** There must be a great deal of good in a man who loves a child.

    Americano *Debe existir mucho bien en un hombre que ama a un niño.*

19. **Hungarian** Never ask a man a favor, until he has had his dinner.

    Húngaro *Nunca pidas un favor a un hombre hasta que haya cenado.*

20. **English** A man without a wife is like a vase without flowers.

    Inglés *Un hombre sin esposa es como un florero sin flores.*

21. **Greck** Men are mountains and women are levers that move them.

    Griego *Los hombres son montañas y las mujeres son palancas que los mueven.*

22. **English** A man without a woman is like a ship without a sail.

    Inglés *Un hombre sin mujer es como un barco sin vela.*

23. **Spanish** To the fortunate man a daughter is born first.

    Español *Al hombre venturoso la hija le nace primero.*

24. **Italian**   There are two women in every man's life.

    Italiano   *Hay dos mujeres en la vida de cada hombre.*

25. **Jewish**   A single man in possession of good fortune, must be in want of a wife.

    Judío   *Un soltero, en posesión de buena fortuna, debe estar necesitado de una esposa.*

26. **Bulgarian**   If you wish to know a man, give him authority.

    Búlgaro   *Si deseas conocer a un hombre, dale autoridad.*

27. **Spanish**   The man who goes around badly dressed cannot have good intentions.

    Español   *Un hombre que va mal vestido no puede tener buenas intenciones.*

28. **Japanese**   Look not upon another man's wife or daughter.

    Japonés   *No mires a la esposa o hija de otro hombre.*

29. **Spanish**   A passionate man does not want to be consoled.

     Español   *Un hombre apasionado no quiere ser consolado.*

30. **American**   The great man is he who has not lost his child-like heart.

     Americano   *Un gran hombre es el que no ha perdido su corazón de niño.*

31. **Scottish**   The man who likes to drink will sleep without a wife.

     Escocés   *El hombre al que le gusta beber, dormirá sin esposa.*

32. **Spanish**   A man in love schemes more than a hundred lawyers.

     Español   *Un hombre enamorado trama más que cien abogados.*

33. **American**   Behind every successful man there is a woman.

     Americano   *Atrás de cada hombre exitoso hay una mujer.*

34. **American**   A man doesn't graduate until he gets his heart broken.

     Americano   *Un hombre no se gradua hasta que su corazón es roto.*

35. **Italian**   A man who is not a father to his children can never be a real man.

     Italiano   *Un hombre que no es un padre con sus hijos, nunca será un hombre verdadero.*

36. **English**   No one but a woman can help a man when he is in trouble of the heart.

     Inglés   *Nadie, salvo una mujer, puede ayudar a un hombre cuando tiene problemas del corazón.*

37. **Mexican**   A man who loves women loves all women.

     Mexicano   *Un hombre que ama a las mujeres, ama a todas las mujeres.*

38. **Jewish**   A man who has no wife cannot be called a man.

     Judío   *Un hombre que no tiene esposa no puede ser llamado hombre.*

39. **American**   If there were no women, what would men talk about?

     Americano   *Si no hubiera mujeres, ¿de qué hablarían los hombres?*

40. **American**   There is always a little boy in the old man gone fishing.

    Americano   *Siempre hay un niño en el hombre viejo que se va a pescar.*

41. **Turkish**   Never forget what a man says to you when he is angry.

    Turco   *Nunca olvides lo que un hombre te dice cuando está enojado.*

42. **French**   Style makes the man.

    Francés   *El estilo hace al hombre.*

43. **Brazilian**   Men fall in love more quickly than women.

    Brasileño   *Los hombres se enamoran más rápido que las mujeres.*

44. **English**   It takes three generations to make a gentleman.

    Inglés   *Son necesarias tres generaciones para formar a un caballero.*

45. **French**   Don't judge a man by the way he dresses, but by the way his wife dresses.

    Francés   *No juzgues a un hombre por su manera de vestir, sino por la manera en que viste su esposa.*

46. **Latin**　　A lazy youth, hardships in brings manhood.

　　　Latino　　*Una juventud floja, dificultades de hombre.*

47. **Russian**　　Every sickness is not death, every good bye is not forever, and every big man is not strong.

　　　Ruso　　*No toda enfermedad es la muerte, no todo adiós es para siempre, y no todo hombre grande es fuerte.*

48. **American**　　The way to a man's heart is through his stomach.

　　　Americano　　*El camino al corazón del hombre es su estómago.*

49. **English**　　You can know a man by the friends he has, the books he reads and the mistakes he admits.

　　　Inglés　　*Puedes conocer a un hombre por los amigos que tiene, los libros que lee y los errores que admite.*

50. **Arabic**　　Forgiveness is more manly than punishment.

　　　Árabe　　*Perdonar es más de hombres que castigar.*

51. **Italian** Be a good husband, a good father and a good friend to people not as fortunate in life.

    Italiano *Sé un buen esposo, un buen padre y un buen amigo con la gente menos afortunada en la vida.*

52. **Colombian** Poor is the man that is not sometimes a little boy.

    Colombiano *Pobre del hombre que no sea un poco niño.*

53. **Italian** For the man who truely loves women the pain of leaving them is as acute as the joy of a new obsession.

    Italiano *Para el hombre que verdaderamente ama a las mujeres, el dolor de dejarlas es tan agudo como el placer de una nueva obsesión.*

54. **Spanish** A proper gentleman must not complain.

    Español *Un verdadero caballero no debe quejarse.*

55. **Irish** A man is not a man until he losses his father.

    Irlandés *Un hombre no es un hombre hasta que muere su padre.*

56. **Italian** Men understand friendship more than women.

    Italiano *Los hombres entienden la amistad más que las mujeres.*

57. **Chinese** I have never seen a man who loves virtue as much as he loves a woman's beauty.

    Chino *Nunca he visto un hombre que ame la virtud tanto como ama la belleza de una mujer.*

58. **American** Beware of the man who writes flowery love letters, he is preparing for years of silence.

    Americano *Ten cuidado del hombre que escribe cartas rebosantes de amor, porque se está preparando para años de silencio.*

59. **American** Remember, all men would be tyrants if they could.

    Americano *Recuerda que todos los hombres serían tiranos si pudieran.*

60. **German** A man is just a medium for a woman to have a baby.

    Alemán *Un hombre es sólo el medio para que una mujer tenga un bebé.*

61. **Portuguese**   Few men are successful; most only wish for success.

    Portugués   *Pocos hombres son exitosos, la mayoría sólo desean el éxito.*

62. **English**   Half of men's mistakes come from them thinking when they should be feeling.

    Inglés   *La mitad de los errores de los hombres provienen de pensar cuando deben sentir.*

63. **Hindu**   Inside of every man there is a woman who wants to get out. Inside every woman, there is a man.

    Hindú   *Dentro de cada hombre hay una mujer que quiere salir. Dentro de cada mujer, hay un hombre.*

64. **Mexican**   Men and garbage should be taken out early from the house.

    Mexicano   *El hombre y la basura debieran ser sacados de la casa temprano.*

65. **Venezuelan**   Men and women see things very differently.

    Venezolano   *Los hombres y las mujeres ven las cosas muy diferentes.*

66. **Brazilian** — Happy is the man who is thinking of a woman.

    Brasileño — *Feliz es el hombre que está pensando en una mujer.*

67. **American** — Men grow old but they don't grow up.

    Americano — *Los hombres envejecen pero no maduran.*

68. **American** — Bad boys bring babies.

    Americano — *Los malos muchachos traen bebés.*

69. **English** — Men are what their mothers make them.

    Inglés — *Los hombres son lo que sus madres les hacen.*

70. **American** — The more I know about men, the more I love my dog.

    Americano — *Entre más conozco a los hombres, más quiero a mi perro.*

71. **Spanish** — What we call love in young men, is too often only an irregular passion.

    Español — *Lo que llamamos amor en hombres jóvenes es, a menudo, sólo una pasión irregular.*

72. **Mexican**   Courtesy does not take away from manliness.

    Mexicano   *Lo cortés no quita lo valiente.*

73. **English**   Asking questions is not a gentleman's conversation.

    Inglés   *Hacer preguntas no es la conversación de un caballero.*

74. **French**   Men will always opt for things that get finished and stay that way, fixing a door, but not planning menus.

    Francés   *Los hombres siempre son aptos para cosas que se terminan y quedan así, como componer una puerta, pero no para planear menús.*

75. **Greek**   Very few men like to have the obvious pointed out to them by a woman.

    Griego   *Pocos hombres prefieren que una mujer les muestre algo obvio.*

76. **Cuban**   I like a man who is passionate about what he does.

    Cubano   *Me gusta un hombre al que le apasiona lo que hace.*

77. **Japanese**   When a man hurts a woman, a woman doesn't lament the loss of the man.

     Japonés   *Cuando un hombre lastima a una mujer, la mujer no lamenta perderlo.*

78. **Chinese**   Men learn only from books, while women are gifted with intuition.

     Chino   *El hombre aprende sólo de los libros, mientras que las mujeres están dotadas de intuición.*

79. **Arabic**   Man is not better than woman; light is not better than darkness. Both are necessary to be complete.

     Árabe   *El hombre no es mejor que la mujer; la luz no es mejor que la oscuridad. Ambos son necesarios para la totalidad.*

80. **Mexican**   What sorrow I feel for men who never feel like children!

     Mexicano   *¡Qué pena me dan los hombres que nunca se sienten niños!*

81. **Spanish**   A gentleman without a lady to be enamoured with is like a tree without leaves or a body without a soul.

    Español   *Un caballero sin una dama de quién estar enamorado es como un árbol sin hojas o un cuerpo sin alma.*

82. **Chinese**   Away from his home, a man is appreciated for what he appears to be. At home, for what he is.

    Chino   *Lejos de su casa, un hombre es apreciado por lo que aparenta. En su casa por lo que es.*

83. **American**   A bachelor is an incomplete animal. He is like half of a pair of scissors.

    Americano   *El hombre soltero es un animal incompleto. Se asemeja a la mitad de un par de tijeras.*

84. **English**   It's a funny thing that when a man hasn't anything on earth to worry about, he goes off and gets married.

    Inglés   *Es curioso que cuando un hombre no tiene nada en el mundo de qué preocuparse, se anime a casarse.*

85. **Spanish**   A mature man wants a mature woman.

    Español   *Hombre hecho quiere mujer hecha.*

86. **French**   A gentleman does not speak more than casually about his wife or girlfriend.

    Francés   *Un caballero solo habla casualmente de su esposa o novia.*

87. **Italian**   It is a great mistake for men to give up paying compliments, for when they give up saying what is charming, they give up thinking what is charming.

    Italiano   *Es un gran error que los hombres dejen de dar halagos, porque cuando dejan de decir cosas encantadoras, dejan de pensar cosas encantadoras.*

88. **English**   A man may woo where he will, but he will wed where he is destined.

    Inglés   *Un hombre puede cortejar donde quiera, pero se casará donde esté destinado.*

89. **Chinese**   No one knows a man better than the woman who once loved him.

    Chino   *Nadie conoce mejor a un hombre que la mujer que ha dejado de amarlo.*

90. **African**   Men make things, but women make men.

    Africano   *Los hombres hacen obras, pero las mujeres hacen a los hombres.*

91. **Chinese**   When a man is crazy about a woman, only she can cure him of his madness.

    Chino   *Cuando un hombre está loco por una mujer, sólo ella puede curarlo de su locura.*

92. **Irish**   Men always want to be a woman's first love. Women want to be a man's last.

    Irlandés   *Los hombres siempre desean ser el primer amor de una mujer. Las mujeres desean ser el último del hombre.*

93. **Mexican**   Men sing in the plaza and cry at home.

    Mexicano   *El hombre canta en la plaza y llora en casa.*

94. **Arabic**   Every man has the wife he deserves.

    Árabe   *Todo hombre tiene la mujer que se merece.*

95. **American** Men want a woman with the face of an actress, the body of an athlete, the manner of a servant and the cooking skills of a chef. This can be found only in fairyland.

    Americano *Los hombres quieren una mujer con cara de actriz, cuerpo de atleta, los modales de una sirvienta y las habilidades culinarias de un chef. Esto puede encontrarse solamente en cuentos de hadas.*

96. **American** The best thing a fellow can hope to be is a good family man.

    Americano *La mejor cosa que un joven puede esperar ser es un buen hombre de familia.*

97. **Irish**   Men think that woman should be protected by not knowing. But, not knowing is worse.

    Irlandés   *Los hombres piensan que protegen a las mujeres al no dejarlas saber. Pero no saber es peor.*

98. **Mexican**   Women's liberation benefits men.

    Mexicano   *La liberación femenina beneficia a los hombres.*

99. **Mexican**   Women tend to be more jealous. They know that a man can be seduced, with relative ease.

    Mexicano   *Las mujeres tienden a ser más celosas. Ellas conocen la relativa facilidad con que se seduce a un hombre.*

100. **Jamaican**   A man who is tired of a woman is bored even when she says intelligent things.

    Jamaiquino   *Un hombre que está cansado de una mujer se aburre aun cuando ella diga cosas inteligentes.*

101. **Hindu**   When a man finds his mate, society begins.

    Hindú   *Cuando el hombre encuentra su pareja, comienza la sociedad.*

102. **Brazilian**   A man in love is reborn.

    Brasileño   *Un hombre enamorado nace por segunda vez.*

103. **Jewish** It is the man who chooses a wife, so he thinks.

   Judío *El hombre es quien elige esposa, así piensa.*

104. **English** A thirty year old man seduces a girl of fifteen, and it's the girl that is dishonored.

   Inglés *Un hombre de treinta años seduce a una joven de quince y es la joven la que queda deshonrada.*

105. **English** The married man laughs from the belly, the bacelor just shows his teeth.

   Inglés *El hombre casado se ríe con la panza, el soltero sólo enseña sus dientes.*

106. **Persian** It is listening to women that teaches us how to speak to men.

   Persa *Escuchad a las mujeres, que nos enseñan cómo hablar a los hombres.*

107. **Swedish** The average man is more interested in a woman who is interested in him than he is in a woman with beautiful legs.

    Sueco *El hombre común está más interesado en una mujer que está interesada en él, que en una mujer con piernas hermosas.*

108. **Jewish** A man should always eat and drink less than his means allow, clothe himself in accordance with his means, and honor his wife and children more than his means allow.

    Judío *Un hombre siempre debería comer y beber menos de lo que puede gastar, vestirse de acuerdo con sus medios y honrar a su esposa y a sus hijos más de lo que pueda gastar.*

109. **Mexican** Man begins to worry about the future when he takes a wife.

    Mexicano *El hombre empieza a preocuparse del porvenir cuando consigue una esposa.*

110. **Venezuelan** The man who hasn't loved passionately ignores the most beautiful part of life.

    Venezolano *El hombre que no ha amado apasionadamente ignora la mitad más hermosa de la vida.*

111. **Italian**   Men always want to give the women they love the stars, the moon and the sun. But, women already have them.

    Italiano   *Los hombres siempre quieren dar a las mujeres que aman las estrellas, la luna y el sol. Pero las mujeres ya los tienen.*

112. **American**   All a man has got to do is be a good man, one time, to one woman. And, that's the end of the story.

    Americano   *Todo lo que tiene que hacer un hombre en la vida es ser un buen hombre, una vez tan sólo con una mujer. Y éste es el fin de la historia.*

113. **Jewish**   The jew that doesn't have a wife lives without happiness, without blessing and without anything good.

    Judío   *El judío que no tiene esposa vive sin alegría, sin bendición y sin nada bueno.*

114. **Italian**   Women are quite content not to share the pain of men, after all, do they share the pain of women?

    Italiano   *Las mujeres se sienten contentas de no compartir el dolor de los hombres, al fin y al cabo, ¿comparten ellos el dolor de las mujeres?*

115. **Scottish** A man should have a clever enough tongue to win a wife.

Escocés *Un hombre debe de tener una lengua suficientemente inteligente para conquistar una esposa.*

116. **Mexican** How fortunate the man who is still polite, generous, considerate and tender towards women!

Mexicano *¡Qué afortunado es el hombre que todavía es cortés, generoso, considerado y tierno con las mujeres!*

117. **American** Men are never too old to be fools.

Americano *Los hombres nunca son demasiado viejos para ser tontos.*

118. **Jewish** A man should not be alone.

Judío *Un hombre no debe estar solo.*

119. **Mexican** All men prefer to appear to be rather than to be.

Mexicano *Todos los hombres prefieren parecer que ser.*

120. **American** An older man feels younger when he's with a younger woman; a young woman feels older when she's with an older man.

Americano *Un hombre viejo se siente joven cuando está con una mujer joven; una mujer joven se siente vieja cuando está con un hombre viejo.*

121. **Americano** Never start anything without her.

Americano *Nunca empieces nada sin ella.*

122. **Latin** An old young man will be a young old man.

Latino *Un viejo joven será un joven viejo.*

123. **Jewish** Any man who depends on his wife's earnings will not succeed.

Judío *Cualquier hombre que dependa de las ganancias de su esposa, no tendrá éxito.*

124. **Persian** A well educated man always has a kind word to say.

Persa *Un hombre bien educado siempre tiene una palabra amable que decir.*

125. **Russian** After all, every man is the son of a woman.

     Ruso *Al fin y al cabo, todo hombre es hijo de una mujer.*

126. **Italian** A man among children will long be a child.

     Italiano *Un hombre entre los niños llegará a ser un niño.*

127. **Russian** When you meet a man, you judge him by his clothes; when he leaves, you judge him by his heart.

     Ruso *Cuando conoces a un hombre, lo juzgas por su ropa; cuando se va, lo juzgas por su corazón.*

128. **Mexican** A man's worth depends on his two smallest organs: his heart and his tongue.

     Mexicano *El valor de un hombre depende de sus dos órganos más pequeños: su corazón y su lengua.*

129. **Russian** A good-looking man is pleasant to look at, but it is easier to live with an amusing one.

     Ruso *Un hombre bien parecido es agradable de ver, pero es más fácil vivir con un hombre agradable.*

9

Love

Amor

The three words that every woman longs to hear are "I love you".

American proverb

Las tres palabras que toda mujer anhela oír son: "yo te amo".

Proverbio americano

1. **American**　Love always begins with respect.

   Americano　*El amor siempre comienza con el respeto.*

2. **Hindú**　Love is the fruit of all seasons and within the reach of all hands.

   Hindú　*El amor es el fruto de todas las estaciones y está al alcance de todas las manos.*

3. **American**　May you have the two greatest gifts: someone to love and someone who loves you.

   Americano　*Puedes tener los dos regalos más grandes: alguien a quien amar y alguien que te ame.*

4. **Italian**　Kisses are like cherries, one leads to another.

   Italiano　*Los besos son como las cerezas, uno lleva a otro.*

5. **Italian**　The five languages of love are touch, words, service, gifts and time.

   Italiano　*Los cinco idiomas del amor son: caricias, palabras, servicio, regalos y tiempo.*

6. **Mexican**   If there is an emptiness in your life, fill it with love.

   Mexicano   *Si hay un vacío en tu vida, llénalo con amor.*

7. **Spanish**   Love transforms and beautifies everything, even the most humble acts of everyday life.

   Español   *El amor transforma y embellece todo, aun los actos más humildes de la vida cotidiana.*

8. **Mexican**   Women and men don't always coincide in their concept of love.

   Mexicano   *Las mujeres y los hombres no siempre coinciden en su concepto de amor.*

9. **Chinese**   Love is a symbol of eternity.

   Chino   *El amor es un símbolo de la eternidad.*

10. **French**   Where love is great, faults are small.

    Francés   *Donde el amor es grande, los defectos son pequeños.*

11. **Mexican**   Only love is capable of putting others before one'self.

   Mexicano   *Sólo el amor es capaz de poner a otros antes de uno mismo.*

12. **Arabic**   Life is a flower of which love is its honey.

   Árabe   *La vida es una flor de la que el amor es la miel.*

13. **German**   Love is the business of women and friendship is the business of men.

   Alemán   *El amor es el oficio de las mujeres y la amistad es el oficio de los hombres.*

14. **American**   If you love someone set him free. If he come back to you, he is yours; if he doesn't, it was never meant to be.

   Americano   *Si amas a alguien, déjalo ir. Si regresa a ti, es tuyo, si no, es porque nunca lo fue.*

15. **Mexican**   Love protects us from aging.

   Mexicano   *El amor nos protege del paso de los años.*

16. **Chinese** Such is the power of love, that from two it makes one.
    Chino *Es tal el poder del amor que de dos puede hacerse uno.*

17. **American** We all need feminine love be it man or child.
    Americano *Seamos hombres o niños, todos necesitamos del amor femenino.*

18. **French** Love is the beginning, the purpose and the aim of everything.
    Francés *El amor es el principio, la razón y el fin de todas las cosas.*

19. **Mexican** Love requires elegance, good manners, modesty, sense of humor and spontaneity.
    Mexicano *El amor requiere de elegancia, buenos modales, modestia, sentido del humor y espontaneidad.*

20. **American** The three words that every woman longs to hear are "I love you".
    Americano *Las tres palabras que toda mujer anhela oír son: "yo te amo".*

21. **Mexican** It is better to have bread with love than a chicken with pain.
    Mexicano *Más vale pan con amor que gallina con dolor.*

22. **French** Love is the strongest of all the passions, because it attacks the head, the heart and the body at the same time.

Francés *El amor es la más fuerte de todas las pasiones, porque afecta al mismo tiempo la cabeza, el corazón y el cuerpo.*

23. **English** Our first great gift is life, love is second and understanding is the third.

Inglés *El primer gran regalo que recibimos es la vida, el amor es el segundo y el tercero es el entendimiento.*

24. **Italian** You will never be loved if you think only of yourself.

Italiano *Nunca serás amado si sólo piensas en ti mismo.*

25. **American** Don't think you can fill an emptiness in your heart with money.

Americano *No se puede llenar con dinero un vacío en tu corazón.*

26. **Hungarian** In love like in dreams nothing is impossible.

Húngaro *En el amor, como en los sueños, no hay nada imposible.*

27. **Chinese**   He who has in his heart a love for a woman, has no time to hate.

    Chino   *Quien tiene amor para una mujer en su corazón, no tiene tiempo para odiar.*

28. **Portuguese**   A heart needs a second heart.

    Portugués   *Un corazón necesita un segundo corazón.*

29. **American**   Never compare one relationship with another.

    Americano   *Nunca compares una relación con otra.*

30. **French**   Everyone believes that romance is important before you get married, but it is even more important after you marry.

    Francés   *Todos creen que el romance es importante antes de que te cases, pero es aún más importante después de casarse.*

31. **Arabic**   If you possess much, give of your wealth; if you possess little, give of your heart.

    Árabe   *Si posees mucho, regala un poco de tu riqueza; si posees poco, regala algo de tu corazón.*

32. **Arabic**   Three things cannot be hidden: love, a mountain, and a man on a camel.

      Árabe   *Hay tres cosas que no se pueden ocultar: el amor, una montaña y un hombre en un camello.*

33. **American**   Be happy, hurt no one and hope that you will fall in love.

      Americano   *Sé feliz, no lastimes a nadie y espera a enamorarte.*

34. **Mexican**   A woman without love is like a man without work.

      Mexicano   *Una mujer sin amor es como un hombre sin trabajo.*

35. **Latin**   Love is the best teacher.

      Latino   *El amor es el mejor maestro.*

36. **Greek**   Everyone needs something to do, someone to love and something to hope for.

      Griego   *Todos necesitan algo que hacer, alguien a quien amar y algo que esperar.*

37. **French**   Send me flowers while I'm still alive.

    Francés   *Envíame flores mientras esté vivo.*

38. **Brazilian**   You can give without loving, but you can't love without giving.

    Brasileño   *Puedes dar sin amar, pero no puedes amar sin dar.*

39. **Mexican**   Love is proven with actions.

    Mexicano   *El amor se demuestra con hechos.*

40. **Persian**   Love is patient and trusting, it makes your feel good about everything.

    Persa   *El amor es paciente y confiable, te hace sentir bien.*

41. **Jewish**   True love cannot be rushed.

    Judío   *El amor verdadero no puede ser apresurado.*

42. **French**   Love is born of resemblance.

    Francés   *El amor nace de la semejanza.*

43. **Mexican**   It's more important to love someone than to try to understand them.

    Mexicano   *Es más importante amar a alguien que tratar de entenderlo.*

44. **Cuban**   Everyone is the age of their heart.

    Cubano   *Todos tienen la edad de su corazón.*

45. **Chinese**   A word from the heart gives warmth for three winters.

    Chino   *Una palabra salida del corazón da calor durante tres inviernos.*

46. **Portuguese**   Those who love deeply never grow old.

    Portugués   *Aquellos que aman profundamente nunca envejecen.*

47. **Italian**   To love someone is nothing more than to wish that person well.

    Italiano   *Amar a alguien es desear el bien a esa persona.*

48. **Jamaican**   Hearts go where they are appreciated.

    Jamaiquino   *Los corazones van a donde son apreciados.*

49. **French**   With a big heart you can do great things.

        Francés   *Con un corazón grande puedes hacer grandes cosas.*

50. **Mexican**   If you want to be happy in life, love, forgive and forget.

        Mexicano   *Si quieres ser feliz en la vida, ama, perdona y olvida.*

51. **Jewish**   Love all, trust few, and do wrong to no one.

        Judío   *Ama a todos, confía en pocos y no hagas mal a nadie.*

52. **French**   We forgive to the extent that we love.

        Francés   *Perdonamos tanto como amamos.*

53. **English**   A faint heart never won a fair lady.

        Inglés   *Un corazón tímido nunca conquistó a la bella dama.*

54. **Hindu**   Where there is truth there is love.

        Hindú   *Donde existe la verdad, se encuentra el amor.*

55. **Latin**   To be trusted is a greater compliment than to be loved.

    Latino   *Recibir confianza es un halago más grande que ser amado.*

56. **Mexican**   She who loves the tree must also love its branches.

    Mexicano   *La que quiere el árbol, quiere también sus ramas.*

57. **Spanish**   Hope is always born with love.

    Español   *La esperanza siempre nace con el amor.*

58. **Russian**   A lot of patience is needed that love may last.

    Ruso   *Para que el amor perdure, se necesita mucha paciencia.*

59. **French**   True paradise is not in heaven, it is found on the lips of woman one loves.

    Francés   *El auténtico paraíso no está en el cielo, se encuentra en los labios de la mujer amada.*

60. **Greek**   Loving is more enjoyable than being loved.

    Griego   *Amar es más agradable que ser amado.*

61. **Spanish**   Men love little and often, women love deeply and seldom.

     Español   *El hombre ama poco y a menudo, la mujer ama mucho y en raras ocasiones.*

62. **English**   A loving heart is the truest wisdom.

     Inglés   *Un corazón amoroso es la sabiduría más verdadera.*

63. **American**   We fall in love with a personality, but we must live with a character.

     Americano *Nos enamoramos de una personalidad, pero tenemos que vivir con un carácter.*

64. **French**   Love making begins before entering the bedroom.

     Francés   *Hacer el amor empieza antes de entrar a la recámara.*

65. **Persian**   Selfishness with much does little, love with little does much.

     Persa   *El egoísmo, con mucho hace poco; el amor, con poco hace mucho.*

66. **Mexican**   We all wish for love.

    Mexicano   *Todos deseamos amor.*

67. **American**   The entire sum of existence is the magic of being needed by just one person.

    Americano   *La suma entera de la existencia consiste en la magia de ser necesitado por una persona en especial.*

68. **Mexican**   Love is born only between equals.

    Mexicano   *El amor nace sólo entre iguales.*

69. **French**   Passion is the biggest compliment a man can give to a woman.

    Francés   *La pasión es el halago más grande que un hombre puede entregar a una mujer.*

70. **Mexican**   Nothing is too small if you do it with love.

    Mexicano   *Nada es pequeño si lo haces con amor.*

71. **Mexican**   Love is a combination of gratitude, friendship and compassion.

    Mexicano   *El amor es una combinación de gratitud, amistad y compasión.*

∞∞

72. **Russian**   Love has its own language.

    Ruso   *El amor tiene su propio lenguaje.*

∞∞

73. **Italian**   Within every human being there exist an infinite source of creativity, joy and love.

    Italiano   *En cada ser humano existe una fuente infinita de creatividad, alegría y amor.*

∞∞

74. **Chinese**   The heart has reason where reason has no knowledge.

    Chino   *El corazón tiene razón donde la razón no tiene conocimiento.*

∞∞

75. **Mexican**   You love when you give something of yours to someone who needs it.

    Mexicano   *Amas cuando das algo tuyo a quien lo necesita.*

∞∞

76. **Latin**   Where there is no pain there is no love.

    Latino   *Donde no hay dolor, no hay amor.*

∾∿

77. **German**   Love is a disease that is wished for.

    Alemán   *El amor es una enfermedad que se desea.*

∾∿

78. **Portuguese**   When the heart is ready, the lover will appear.

    Portugués *Cuando el corazón esté listo, el amante aparecerá.*

∾∿

79. **Spanish**   Better a good friend than a bad lover.

    Español   *Mejor un buen amigo que un mal amante.*

∾∿

80. **African**   The heart is like a goat that must be tied up.

    Africano   *El corazón es como una cabra que necesita estar amarrada.*

∾∿

81. **Chinese**   To love is to admire with the heart, to admire is to love with the mind.

    Chino   *Amar es admirar con el corazón, admirar es amar con la mente.*

∾∿

82. **Mexican**   Only with the heart can one see correctly. The essential is invisible to the eye.

    Mexicano   *Sólo con el corazón uno puede ver correctamente. Lo esencial es invisible para los ojos.*

83. **Irish**   It takes a secure person to surrender to another in love.

    Irlandés   *Se requiere una persona segura para rendirse a otra en el amor.*

84. **English**   Everytime I fall in love, I think it's forever.

    Inglés   *Cada vez que estoy enamorado pienso que es para siempre.*

85. **Jamaican**   The key to finding love is in wanting it.

    Jamaiquino   *La clave para encontrar el amor es desearlo.*

86. **Latin**   A bold heart is half the battle.

    Latino   *Un corazón valiente es la mitad de la batalla.*

87. **Welsh**   The hand will not reach for that which the heart does not long for.

    Galés   *No extenderé la mano por lo que el corazón no anhela.*

88. **English**   Kisses are keys.

    Inglés   *Los besos son llaves.*

89. **Italian**   Love like plants florish as long as they have roots.

    Italiano   *El amor, como las plantas, florece si tiene raíces.*

90. **Scottish**   The measure of a person is in her heart.

    Escocés   *La medida de una persona está en su corazón.*

91. **French**   Absence diminishes little passions and increases great ones.

    Francés   *La ausencia disminuye las pasiones pequeñas e incrementa las mayores.*

92. **American**   She who is not jeaulous is not in love.

    Americano   *Quien no es celoso no está enamorado.*

93. **Dutch**   Words can't say what love can do.

    Holandés   *Las palabras no pueden decir lo que el amor puede hacer.*

94. **Jewish**   Life has no meaning without love.
    Judío   *La vida no tiene sentido sin amor.*

95. **Hindu**   Love never expects anything in return.
    Hindú   *El amor nunca espera algo a cambio.*

96. **Mexican**   She who gives her heart gives everything.
    Mexicano   *Quien da su corazón, da todo.*

97. **Irish**   We can only learn to love by loving.
    Irlandés   *Sólo amando podemos aprender a amar.*

98. **French**   In acts of love, too much is still not enough.
    Francés   *En hechos de amor, demasiado sigue siendo poco.*

99. **Mexican**   A cough and love cannot be hidden.
    Mexicano   *La tos y el amor no se ocultan.*

100. **Jewish**   The most intelligent man becomes foolish when he loves, the most foolish woman becomes intelligent when she loves.

     Judío   *El hombre más inteligente parece tonto cuando ama, la mujer más tonta resulta inteligente cuando ama.*

101. **American**   Friendship is the most constant, most enduring, and most basic part of love.

     Americano   *La amistad es la parte más constante, más permanente y más básica del amor.*

102. **Hindu**   Love gives us a joy of service so deep that the self is forgotten.

     Hindú   *El amor nos proporciona una alegría de servicio tan profunda que el ego se olvida.*

103. **American**   The only true gift is a portion of thyself.

     Americano   *El único regalo verdadero es una porción de uno mismo.*

104. **Mexican**   Love does not see with the eyes, but with the spirit.

     Mexicano   *El amor no mira con los ojos, sino con el espíritu.*

105. **Italian**   A kiss is, a divine emotion that we enjoy in life; a date that two souls make to meet on the lips.

     Italiano   *Un beso es una emoción divina que disfrutamos en la vida, la cita de dos almas que buscan sus labios.*

106. **French**   In matters of love, little things mean a lot.

     Francés   *En el amor, las cosas pequeñas significan mucho.*

107. **Mexican**   He who is in love with a pretty woman, is always singing.

     Mexicano   *Quien está enamorado de una mujer bonita, siempre canta.*

108. **African**   The heart is like a little baby.

     Africano   *El corazón es un pequeño bebé.*

109. **Mexican**   She who loves someone should accept that person or reject him. It is useless to try to change him.

     Mexicano   *Quien ama a alguien debe de aceptar a esa persona o rechazarla. Es inútil tratar de cambiarla.*

110.   **Irish**   Have I told you how much I love you?
       Irlandés   *¿Te he dicho cuánto te amo?*

111.   **Chinese**   Clean the dust from your heart.
       Chino   *Limpia el polvo de tu corazón.*

112.   **French**   To speak of love is to make love.
       Francés   *Hablar de amor es hacer el amor.*

113.   **Jewish**   Find a woman, and you'll find love.
       Judío   *Busca a una mujer y encontrarás el amor.*

114.   **Egyptian**   I believe in the sun, even when it doesn't shine, I believe in God, even though I do not see him, I believe in love, even if I do not find it.

       Egipcio   *Creo en el sol aunque no brille, creo en Dios aunque no lo vea, creo en el amor aunque no lo encuentre.*

115. **American** A heart is not judged by how much you love, but how much you are loved by others.

    Americano *Un corazón no se juzga por lo mucho que ama, sino por lo mucho que es amado.*

116. **Chinese** If I love him in my heart, why don't I tell him so? If I desire him with my body, why don't I tell him so?

    Chino *Si lo amo en mi corazón por qué no decírselo. Si lo deseo con mi cuerpo, por qué no decírselo.*

117. **African** Love is the shortest distance between two hearts.

    Africano *El amor es la distancia más corta entre dos corazones.*

118. **Mexican** A new love makes one forget the old one.

    Mexicano *Un nuevo amor hace olvidar a uno viejo.*

119. **Irish** The love in your heart wasn't put there to stay. Love isn't love until you give it away.

    Irlandés *El amor en tu corazón no fue puesto ahí para quedarse. El amor no es amor hasta que lo regalas.*

120. **Greek**   Where love is absent there can be no woman.

     Griego   *Donde no hay amor, no puede estar una mujer.*

121. **French**   Never give a kiss without a caress.

     Francés   *Nunca des un beso sin una caricia.*

122. **Arabic**   Wash your heart like you wash a dress.

     Árabe   *Limpia tu corazón como lavas un vestido.*

123. **American**   I love you, not only for what you are but also for what I am
                     when I am with you.

     Americano   *Te amo no sólo por lo que eres, sino también por lo que soy
                     cuando estoy contigo.*

124. **Hindu**   All the love that we send into the lives of others comes back
                     into our own.

     Hindú   *Todo el amor que transmitimos a los demás regresa a nuestras
                     vidas.*

125. **Arabic**   That which you love most in your lover may be clearer in his absence.

     Árabe   *Lo que más amas de tu amante lo notarás mejor en su ausencia.*

∽∾

126. **Mexican**   Love should renew itself at every moment.

     Mexicano   *El amor debiera renovarse a cada instante.*

∽∾

127. **Italian**   He who says woman says love.

     Italiano   *Quien dice mujer, dice amor.*

∽∾

128. **English**   We arrive at love not by finding the perfect person but by learning to see an imperfect person perfectly.

     Inglés   *Llegamos al amor no para encontrar a la persona perfecta, sino para aprender a ver perfectamente a una persona imperfecta.*

∽∾

129. **Hungarian**   Do not despair as long as you can still fall in love.

     Húngaro   *No te desesperes mientras puedas enamorarte.*

130. **Chinese**   Love organizes the soul, it distributes it's parts, it diversifies the inner life and at the same time, it unifies, so that it places a hierarchy to it's activities.

        Chino   *El amor organiza el alma, distribuye sus partes, diversifica y unifica simultáneamente la vida interior, por ello jerarquiza sus actividades.*

131. **Chinese**   Love is space and time measured by the heart, it follows that the longer the time, the greater the love.

        Chino   *El amor es espacio y tiempo medido por el corazón; por lo tanto, entre más largo es el tiempo, más grande es el amor.*

132. **Jewish**   Love seeks not to please itself.

        Judío   *El amor no busca complacerse a sí mismo.*

133. **English**   Time is too slow for those who wait, too swift for those who fear, too long for those who give, too short for those who rejoice, but for those who love, time is not.

        Inglés   *El tiempo pasa lento para quien espera, muy rápido para quien tiene miedo, muy largo para quien se lamenta y muy corto para quien goza; pero para aquellos que aman, el tiempo no existe.*

134. **Irish** Love is not blind, it sees more, not less. But because it sees more, it is willing to see less.

    Irlandés *El amor no es ciego, ve más, no menos. Pero dado que ve más, está dispuesto a ver menos.*

135. **Finnish** He who cannot kindle a fire cannot love.

    Finlandés *Quien no puede encender un fuego, no puede amar.*

136. **Russian** The love that was left to die wasn't love.

    Ruso *El amor que se dejó morir no era amor.*

137. **Mexican** To love it is necesary to build bridges.

    Mexicano *Para amar es necesario construir puentes.*

138. **African** Love is like a butterfly, pursue it and it will flee, turn away and it comes back to you.

    Africano *El amor es como una mariposa, persíguela y volará, aléjate y volverá a ti.*

139. **French**   Love is the only thing you get more of by giving it away.

       Francés   *El amor es de la única cosa que más obtienes cuando la entregas.*

140. **Mexican**   Solitude is the beginning of love. Without distance there is no love.

       Mexicano   *La soledad es el comienzo del amor. Sin distancia no hay amor.*

141. **Egyptian**   We love according to the way people treat us.

       Egipcio   *Amamos de acuerdo con la manera en que la gente nos trata.*

142. **Italian**   Love is not in our choice, but in our fate.

       Italiano   *El amor no es algo que podamos elegir, está en nuestro destino.*

143. **Mexican**   Nothing is known for sure until one has been loved.

       Mexicano   *Nada se sabe de verdad hasta no haber amado.*

144. **Mexican**   The people who have good character are the ones that are the most worthy to be loved.

Mexicano   *Las personas que tienen buen carácter son las más dignas de ser amadas.*

145. **Turkish**   Coffee and love are best when they are hot.

Turco   *El café y el amor son mejores cuando están calientes.*

146. **American**   You can't hurry love.

Americano   *No puedes apresurar el amor.*

147. **Persian**   After the verb "to love", "to help" is the most beautiful verb in the world.

Persa   *Después del verbo "amar", "ayudar" es el verbo más hermoso del mundo.*

148. **English**   Love is to share.

Inglés   *El amor es compartir.*

149. **Dutch**   The heart does not lie.

      Holandés   *El corazón no miente.*

150. **Italian**   Where there is no madness, love is not love.

      Italiano   *Si no hay locura en el amor, no es amor.*

151. **American**   The way to a woman's heart is through the door of a jewelry store.

      Americano   *El camino al corazón de una mujer pasa por las puertas de una joyería.*

152. **Mexican**   You are my other half.

      Mexicano   *Tú eres mi otra mitad.*

153. **English**   Love that is forced can never be right, if it doesn't come naturally leave it.

      Inglés   *El amor forzado nunca puede hacer bien, si no viene naturalmente, déjalo.*

154. **Cuban**   Love is the perfect form of freedom.

     Cubano   *El amor es la forma perfecta de la libertad.*

155. **Chinese**   The man and woman that come to know each other easily are cheap lovers.

     Chino   *El hombre y la mujer que se conocen fácilmente son amantes baratos.*

156. **Colombian** The supreme happiness in life is the conviction that we are loved.

     Colombiano *La felicidad suprema en la vida es la convicción de que somos amados.*

157. **Hindu**   We can do no great things, only small things with great love.

     Hindú   *No podemos hacer cosas grandes, solamente cosas pequeñas con un amor grande.*

158. **Italian**   Remember with love what you once loved, and know that love never dies in someone who knows how to love.

     Italiano   *Recuerda con amor lo que una vez amaste, y piensa que ese amor nunca muere en alguien que sabe cómo amar.*

159. **Spanish** She who has love in her heart, has a smile on her face.

    Español *Quien tiene amor en su corazón, tiene una sonrisa en su rostro.*

160. **French** Let no one who loves be called unhappy. Even unreturned love has it's rainbow.

    Francés *Que ninguna persona que ama sea llamada infeliz. Hasta el amor no correspondido tiene su arcoiris.*

161. **French** Through the power of speaking of love, one falls in love. Nothing is so easy. This is the most natural passion of men and woman.

    Francés *A fuerza de hablar de amor se enamora uno. Nada tan fácil. Ésta es la pasión más natural del hombre y de la mujer.*

162. **English** It's never too late to learn about love.

    Inglés *Nunca es tarde para aprender sobre el amor.*

163. **Arabic** Love knows not it's own depth until the hour of separation.

    Árabe *El amor no conoce su profundidad hasta la hora de la separación.*

164. **Turkish**   To live in hearts we leave behind, is never to say good-bye.

      Turco   *Vivir en los corazones que dejamos atrás es nunca decir adiós.*

165. **Hindu**   The truly beautiful and seductive woman puts her lover at an infinite distance, in this way she attracts him more strongly than ever.

      Hindú   *La mujer verdaderamente bella y seductora pone a su amante a una distancia infinita, así la atracción será más fuerte que nunca.*

166. **American**   Listen to your heart.

      Americano   *Escucha a tu corazón.*

167. **Jewish**   Between lovers, an onion is like a roast chicken.

      Judío   *Entre los amantes, una cebolla es como un pollo rostizado.*

168. **Jewish**   The six things you need to live are air, water, food, clothing, shelter and love.

      Judío   *Las seis cosas que necesitas para vivir son: aire, agua, comida, ropa, abrigo y amor.*

169. **Persian** Love helps to make a person think of others and how to make them happy.

Persa *El amor ayuda a una persona a pensar en otras y en la forma de hacerlas felices.*

170. **Dutch** Love makes labor light.

Holandés *El amor hace ligero el trabajo.*

171. **Arabic** Love is not everything but without love everything is worthless.

Árabe *El amor no lo es todo, pero sin él todo es en vano.*

172. **Hindu** Love is the answer to all questions.

Hindú *El amor es la respuesta a todas las preguntas.*

173. **Portuguese** To love is to give before you receive.

Portugués *Amar es dar antes de recibir.*

174. **Japanese** She who travels for love finds a thousand miles no longer than one.

   Japonés *Quien viaja por amor encuentra que mil kilómetros no son más que uno.*

∽∽

175. **Greek** The heart that loves is always young.

   Griego *El corazón que ama es siempre joven.*

∽∽

176. **Jamaican** Love me, love my dog.

   Jamaiquino *Ámame, ama a mi perro.*

∽∽

177. **Latin** The first duty of love is to listen.

   Latino *El primer deber del amor es escuchar.*

∽∽

178. **Mexican** Love, health and money.

   Mexicano *Amor, salud y dinero.*

∽∽

179. **American** When someone hugs you, don't be the first to let go.

   Americano *Cuando alguien te abrace, no seas el primero en alejarte.*

∽∽

180. **Cuban**   True love takes longer but lasts forever.
     Cubano   *El amor verdadero lleva más tiempo, pero dura para siempre.*

∽∾

181. **Arabic**   Absence sharpens love, while presence strengthens it.
     Árabe   *La ausencia agudiza el amor, la presencia lo fortalece.*

∽∾

182. **English**   Love me little, love me long.
     Inglés   *Ámame poco, ámame por mucho tiempo.*

∽∾

183. **Turkish**   Love returns lovers back to their childhood.
     Turco   *El amor devuelve a los enamorados a su infancia.*

∽∾

184. **Polish**   Too much love making ends in nothing.
     Polaco   *Hacer el amor demasiado acaba en nada.*

∽∾

185. **Russian**   Love like the wolf loves the sheep.
     Ruso   *Ama como el lobo ama a la oveja.*

∽∾

186. **Jewish**   A new love is like a new wine that must age to be good.

     Judío   *Un amor reciente es como un vino joven, tiene que madurar para ser bueno.*

187. **Polish**   Love comes to women through the ears and to men through the eyes.

     Polaco   *El amor llega a las mujeres a través de los oídos y a los hombres a través de los ojos.*

188. **American**   Love should be everything or nothing at all.

     Americano   *El amor debiera ser todo o nada.*

189. **Chinese**   What is given with the heart is returned to us multiplied.

     Chino   *Lo que se da con el corazón, nos es devuelto acrecentado.*

190. **Mexican**   Love is the most natural form that man and woman have to put themselves in contact with the divine.

     Mexicano   *El amor es la forma más natural que tienen el hombre y la mujer para ponerse en contacto con la divinidad.*

191. **English**   Take away love, and our Earth is a tomb.
     Inglés   *Quita el amor y nuestra Tierra es una tumba.*

⌘⌘

192. **Russian**   Love and eggs are best when they are fresh.
     Ruso   *El amor y los huevos son mejores cuando están frescos.*

⌘⌘

193. **Latin**   If you want to be loved, be lovable.
     Latino   *Si quieres ser amado, sé amoroso.*

⌘⌘

194. **Hungarian**   Love keeps the cold out better than a cloak.
     Húngaro   *El amor protege del frío mejor que un abrigo.*

⌘⌘

195. **French**   Love like the pig loves the mud.
     Francés   *Ama como el puerco ama al lodo.*

⌘⌘

196. **French**   The more you judge, the less you love.
     Francés   *Entre más juzgas, menos amas.*

⌘⌘

197. **Irish**   Love seeks to make someone happy rather than to be happy.
     Irlandés   *El amor busca hacer feliz, en vez de ser feliz.*

198. **English**   Loves turns an ordinary young woman into a princess.
     Inglés   *El amor convierte a una mujer joven ordinaria en una princesa.*

199. **American**   Talk love, think money.
     Americano *Habla de amor, piensa en dinero.*

200. **Chinese**   Love moves mountains.
     Chino   *El amor mueve montañas.*

201. **Latin**   Love lasts forever.
     Latino   *El amor dura para siempre.*

202. **Palestine**   When God wanted to speak to us about love he created a woman.
     Palestino *Cuando Dios quiso hablarnos del amor, creó a la mujer.*

203. **Brazilian**   To love and be loved is to feel the sun on both sides.

      Brasileño   *Amar y ser amado es sentir el sol por ambos lados.*

204. **Italian**   Love is the key to the gates of happiness.

      Italiano   *El amor es la llave para las puertas de la felicidad.*

205. **African**   Love makes all hearts gentle.

      Africano   *El amor hace gentiles a todos los corazones.*

206. **Mexican**   To open another person's heart it is necessary to open your own.

      Mexicano   *Para abrir el corazón ajeno es necesario abrir el propio.*

207. **Portuguese**   A smile is the most beautiful expression to say, "I love you".

      Portugués   *Una sonrisa es la expresión más bella para decir: "Te amo".*

208. **Mexican**   Love is like a ring without a beginning or an end.

      Mexicano   *El amor es como un anillo sin principio ni fin.*

209. **Italian**   Love is one kiss, two kisses, three kisses, four kisses, five kisses, four kisses, three kisses, two kisses, one kiss, no kisses.

  Italiano   *El amor es un beso, dos besos, tres besos, cuatro besos, cinco besos, cuatro besos, tres besos, dos besos, un beso, ningún beso.*

210. **Hindu**   She who loves fulfills her duty.

  Hindú   *Quien ama cumple con su deber.*

211. **English**   Sweet is the love that is won with difficulty.

  Inglés   *Dulce es el amor alcanzado con dificultades.*

212. **Spanish**   A young girl in love becomes daring without knowing it.

  Español   *Una doncella enamorada se vuelve audaz sin saberlo.*

213. **Latin**   There are as many joys in love as there are shells on the beach.

  Latino   *Hay tantas alegrías en el amor como conchas en la playa.*

214. **French**   I loved, I was loved: that's enough to take to my grave.
      Francés   *Amé, fui amado: a la tumba es suficiente antes de ir.*

215. **Hindu**   Love begins by giving.
      Hindú   *El amor empieza dando.*

216. **Mexican**   Do everything with love.
      Mexicano   *Haz todo con amor.*

217. **German**   There are many who love; very few who know how to love.
      Alemán   *Son muchos los que aman, pocos los que saben amar.*

218. **Jewish**   Stolen kisses are sweet.
      Judío   *Los besos robados son dulces.*

219. **Greek**   Small gifts keep love alive.
      Griego   *Los pequeños regalos mantienen vivo el amor.*

220. **Arabic**   When you have to choose among many roads, always choose the way of the heart. She who chooses the way of the heart, will never go wrong.

Árabe   *Cuando tengas que elegir entre varios caminos, elige siempre el camino del corazón. Quien elige el camino del corazón, nunca se equivoca.*

⚬⚬

221. **American**   Undestanding comes before love.

Americano   *Comprender viene antes del amor.*

⚬⚬

222. **French**   Love cannot be profound if it is not pure.

Francés   *El amor no puede ser profundo si no es puro.*

⚬⚬

223. **Swedish**   Life without love, years without summer.

Sueco   *Vida sin amor, años sin verano.*

⚬⚬

224. **Persian**   Two hearts in equal love are a smile from heaven.

Persa   *Dos corazones enamorados son la sonrisa del cielo.*

⚬⚬

225. **English**   Sometimes the heart should control the mind.

Inglés   *A veces el corazón debe controlar la mente.*

⚬⚬

226. **Mexican**   For news of the heart, ask the face.
     Mexicano   *Para las noticias del corazón, pregunta a la cara.*

227. **African**   Love is like a baby, it needs to be treated tenderly.
     Africano   *El amor es como un bebé, necesita ser tratado tiernamente.*

228. **French**   Where love sets the table, food tastes at it's best.
     Francés   *Donde el amor pone la mesa, la comida sabe mejor.*

229. **Persian**   Only a heart can find the way to another heart.
     Persa   *Solo un corazón puede buscar el camino hacia otro corazón.*

230. **German**   I give a present to the mother but I think of the daughter.
     Alemán   *Doy un regalo a la madre pero pienso en la hija.*

231. **Chinese**   I see, I hear, I like, I want, I love.
     Chino   *Veo, escucho, me gusta, quiero, amo.*

232.   **Armenian**   All people have three ears, one on the left, one on the right and one in the heart.

     Armenio   *Todo el mundo tiene tres oídos: uno a la izquierda, uno a la derecha y uno en el corazón.*

233.   **Japanese**   Two lovers in the rain have no need of an umbrella.

     Japonés   *Dos enamorados en la lluvia no necesitan una sombrilla.*

234.   **Serbia**   He may say that he loves you, but wait and see what he does for you.

     Serbia   *Él puede decir que te ama, pero aguarda y ve qué hace por ti.*

235.   **Spanish**   To offer friendship to one who is looking for love, is like giving bread to someone dying of thirst.

     Español   *Ofrecer amistad a alguien que busca amor, es como dar pan a quien muere de sed.*

236.   **German**   True love stories do not have endings.

     Alemán   *Las verdaderas historias de amor no tienen fin.*

10
Marriage
Matrimonio

If you want to be happily married, marry your equal.

Spanish proverb

Si quieres bien casar, casa con tu igual.

Proverbio español

1. **Jewish**   All the world is a wedding.

   Judío   *El mundo es una boda.*

2. **Chinese**   For a good dinner and a gentle wife, you can afford to wait.

   Chino   *Por una cena rica y una esposa amable, vale la pena esperar.*

3. **Spanish**   First think of the bread, and then the bride.

   Español   *Primero piensa en el pan, después en la novia.*

4. **English**   You have to kiss a lot of toads before you meet your prince.

   Inglés   *Tienes que besar muchos sapos antes de conocer a tu príncipe.*

5. **Mexican**   Choose a woman with your ears more than with your eyes.

   Mexicano   *Elige a la mujer más por el oído que por la vista.*

6. **American**   Find a good mother and marry one of her daughters, any one will do.

   Americano   *Encuentra a una buena madre y cásate con una de sus hijas, cualquiera de ellas es buena.*

7. **Italian**   Beware of the cookery of a new bride.

   Italiano   *Ten cuidado de la sazón de una novia nueva.*

8. **English**   Like blood, like tastes, and like age, make the happiest marriage.

   Inglés   *Raza semejante, gustos semejantes y edad semejante, hacen un matrimonio feliz.*

9. **French**   The critical period in matrimony is breakfast time.

   Francés   *El periodo crítico en el matrimonio es el desayuno.*

10. **Spanish**   During the wedding, who eats the least is the bride.

    Español   *En la boda, quien menos come es la novia.*

11. **Italian**   It is for the wise to marry a beautiful modest woman.

    Italiano *Es de sabios casarse con una mujer bella y modesta.*

12. **Portuguese** She who is married desires a home.

    Portugués *El casado casa quiere.*

13. **Polish**   Before marrying live wildly for three years.

    Polaco   *Antes de casarte vive locamente por tres años.*

14. **Mexican**   Marriage and death are heaven sent.

    Mexicano   *Matrimonio y mortaja, del cielo bajan.*

15. **Jewish**   If you have bread you can always find a wife.

    Judío   *Si tienes pan siempre podrás encontrar una esposa.*

16. **Venezuelan**   Love is physical, marriage is chemical.

    Venezolano   *El amor es física, el matrimonio química.*

17. **Spanish**   Many arrangers disarrange the bride.

    Español   *Muchos componedores descomponen a la novia.*

18. **Chinese**   To meet and come together; nothings easier. To stay together and live in peace; that is the most difficult.

    Chino   *Encontrarse y unirse, nada más fácil. Permanecer juntos y vivir en paz, esto es lo difícil.*

19. **Cuban**   Woman invented love and man invented marriage.

    Cubano   *La mujer inventó el amor y el hombre el matrimonio.*

20. **Spanish**   If you want to be happily married, marry your equal.

    Español   *Si quieres bien casar, casa con tu igual.*

21. **African**   It is better to have a disorderly wife than to remain a bachelor.

    Africano   *Es mejor tener una esposa desordenada que permanecer soltero.*

22. **Japanese**   When a person wants to take up marriage, she should consult with her parents.

    Japonés   *Cuando una persona se quiere casar, debe de consultarlo con sus padres.*

23. **Swiss**   Marriage is a covered dish.

    Suizo   *El matrimonio es un platillo cubierto.*

24. **Puerto Rican**   If you marry the donkey you must carry it's load.

    Puertorriqueño   *Si te casas con el burro, tienes que llevar su carga.*

25. **Arabic**   After the wedding one knows his wife.

    Árabe   *Después de la boda se conoce a la esposa.*

26. **Swedish**   It is good to seek a wife in the village, but not between the sheets.

    Sueco   *Es bueno buscar una esposa en la plaza, pero no entre las sábanas.*

27. **Egyptian**   If you have no relatives, get married.

    Egipcio   *Si no tienes parientes, cásate.*

28. **Mexican**   It is not the same to say, what do I do?, than to say, what do we do?

    Mexicano   *No es lo mismo decir "¿qué haré?", a decir "¿qué haremos?"*

29. **Italian**   One daughter helps to marry off the other.
    Italiano   *Una hija ayuda a casar a la otra.*

30. **Polish**   Without cake there is no wedding.
    Polaco   *Sin pastel no hay boda.*

31. **Turkish**   Marriage is truly a marriage when moral ideals are similar.
    Turco   *Un matrimonio es un verdadero matrimonio, cuando los ideales morales son similares.*

32. **African**   If you do not travel you will marry your own sister.
    Africano   *Si no viajas, te casarás con tu propia hermana.*

33. **German**   He who has the luck brings home the bride.
    Alemán   *Quien tiene suerte, viene a casa con la novia.*

34. **Mexican**   A well bred man and an ordinary woman don't make a good match.
    Mexicano   *Un hombre bien criado y una mujer ordinaria no hacen una buena pareja.*

35. **Italian** Who has a pretty wife is always singing.

    Italiano *El que tiene una mujer bonita siempre canta.*

36. **American** You don't know someone until you live with them.

    Americano *No conoces a alguien hasta que vives con él o ella.*

37. **French** Marriage is conversation.

    Francés *El matrimonio es conversación.*

38. **Mexican** Behind a happy family, there is always a happy marriage.

    Mexicano *Detrás de una familia feliz, siempre hay un matrimonio feliz.*

39. **Jewish** When Adam was alone, God didn't give him a hundred friends, God gave him one wife.

    Judío *Cuando Adán estaba solo, Dios no le dio cien amigos, le dio una esposa.*

40. **Colombian** Choose someone who is strong where you are weak.

    Colombiano *Elige a alguien que sea fuerte donde tú eres débil.*

41. **Persian**   Marriage saves half of a man's faith.

    Persa   *El matrimonio salva la mitad de la fe de un hombre.*

42. **African**   She is a fool who marries a stranger when her cousin awaits her.

    Africano   *Es tonta quien se casa con un desconocido cuando su primo la espera.*

43. **American**   A woman wants a knight in shinning armour, but later she will settle for less.

    Americano   *Una mujer quiere un príncipe azul, pero después se conforma con menos.*

44. **Mexican**   Marriage, the ones that are in want out, and the ones out want in.

    Mexicano   *En el matrimonio, los que están adentro quieren salir y los que están afuera quieren entrar.*

45. **Jewish**   Better to marry than to burn in passion.

    Judío   *Es mejor casarse que arder de pasión.*

46. **American** The art of successful intimate relationships should be one of our most important priorities in life.

    Americano *El arte de tener relaciones íntimas exitosas debiera ser una de las prioridades más importantes en la vida.*

47. **Mexican** Each sheep with it's pair.

    Mexicano *Cada oveja con su pareja.*

48. **Chinese** If both are of one mind, their sharpness will cut through metal.

    Chino *Si dos personas tienen la misma mentalidad, su filo cortará metal.*

49. **Persian** Do not marry the woman you adore, rather, adore the woman you have married.

    Persa *No te cases con la mujer que adoras, más bien adora a la mujer con quien te cases.*

50. **Rumanian** If you have no money, no wife will you have.

    Rumano *Si no tienes dinero, ninguna esposa tendrás.*

51.   **Mexican**   Do not marry a musican, poet or soldier.

      Mexicano   *No te cases con un músico, poeta o soldado.*

52.   **Jewish**   Marry and put an end to your sins.

      Judío   *Cásate y pon fin a tus pecados.*

53.   **English**   Marriage is no place for the weak, egotistical or the insecure.

      Inglés   *En el matrimonio no hay lugar para el débil, el egoísta o el inseguro.*

54.   **Brazilian**   In marriage, being the right person is as important as finding the right person.

      Brasileño   *En el matrimonio, ser la persona adecuada es tan importante como encontrar a la persona adecuada.*

55.   **American**   Love and marriage go together like a horse and carriage.

      Americano   *El amor y el matrimonio van juntos como un caballo y una carreta.*

56. **Arabic**   In a dark corner you see the sweetheart.

     Árabe   *En un rincón oscuro ves a la novia.*

57. **Mexican**   God makes them and God joins them.

     Mexicano   *Dios los hace y Dios los junta.*

58. **African**   The ties established between two families by a happy marriage
                    are stronger than those of money.

     Africano   *Los lazos establecidos entre dos familias por un matrimonio
                   feliz son más fuertes que los de dinero.*

59. **Rumanian**   The best romance is inside marriage; the finest love stories
                    come after the wedding, not before.

     Rumano   *El mejor romance está en el matrimonio; las historias más
                   sutiles de amor vienen después de la boda, no antes.*

60. **Jamaican**   Every pot has a lid.

     Jamaiquino *Cada olla tiene su tapadera.*

61. **Mexican** Before you get married, think about what you are doing.

 Mexicano *Antes de casarte, piensa en lo que haces.*

62. **French** Never husband and wife, always lovers.

 Francés *Nunca esposos, siempre amantes.*

63. **Czech** She who marries may be sorry. She who does not, will be sorry.

 Checo *Quien se casa, podría lamentarse. Quien no lo hace, se lamentará.*

64. **German** If in truth the period of courtship is the most beautiful of all, then why do people get married?

 Alemán *Si el periodo del noviazgo es el más bello de todos, ¿por qué se casan las personas?*

65. **American** You can't find what you're looking for until your know what you want.

 Americano *No puedes encontrar lo que estás buscando hasta que sabes lo que quieres.*

66. **Rumanian**   A husband doesn't know what all the village knows.

    Rumano   *El marido no sabe lo que todo el pueblo sabe.*

67. **French**   By general rule, people who know how to enjoy life, also know how to enjoy marriage.

    Francés   *Por regla general, la gente que sabe disfrutar de la vida, también sabe gozar del matrimonio.*

68. **Chinese**   A husband should not talk of pretty girls in front of his wife.

    Chino   *Un esposo no debiera hablar de muchachas bonitas frente a su esposa.*

69. **Spanish**   Look at your mother-in-law, that is how your wife will be when she is older.

    Español   *Mira a tu suegra, así será tu mujer de vieja.*

70. **American**   The secret for a happy marriage is to keep on being as polite to one another as you are to your best friends.

    Americano   *El secreto para un matrimonio feliz es seguir siendo tan corteses uno con el otro, como lo son con sus mejores amigos.*

71. **English**   A problem shared is a problem reduced.

    Inglés   *Un problema compartido es un problema reducido.*

72. **Italian**   A married philosopher belongs to comedy.

    Italiano   *Un filósofo casado pertenece a la comedia.*

73. **Portuguese**   The two words above all others that make marriage successful are "we" and "ours".

    Portugués   *Las dos palabras que hacen un matrimonio exitoso son "nosotros" y "nuestro".*

74. **Spanish**   He who speaks badly about his wife brings dishonor to himself.

    Español   *El que habla mal de su esposa se deshonra a sí mismo.*

75. **Persian**   Trust is one of the most important bonds between a man and a woman.

    Persa   *La confianza es uno de los más importantes vínculos entre un hombre y una mujer.*

76. **Spanish**   Marriage should fight without a truce the monster that devours everything: rutine.

    Español   *El matrimonio debe combatir sin tregua un monstruo que lo devora todo: la costumbre.*

77. **Latin**   He who takes a wife in a foreign land can't tell if the girl is the proper brand.

    Latino   *A quien toma una esposa en el extranjero no se le puede decir si la muchacha es adecuada.*

78. **Spanish**   A melon and matrimony must be the right choice.

    Español   *El melón y el casamiento han de ser acertamiento.*

79. **African**   If a friend hurts you, run to your wife.

    Africano   *Si un amigo te lastima, busca a tu esposa.*

80. **Spanish**   For the married woman, the husband is enough.

    Español   *A la mujer casada, el marido le basta.*

81. **Brazilian**   Marriage is a lottery in which men stake their liberty and women their happiness.

     Brasileño   *El matrimonio es una lotería en la cual los hombres apuestan su libertad y las mujeres su felicidad.*

82. **Irish**   Keep your eyes wide open before marriage, and half closed afterwards.

     Irlandés   *Ten los ojos bien abiertos antes del matrimonio y medio cerrados después.*

83. **Jewish**   A rich man is he who has a wife whose deeds are worthy.

     Judío   *Un hombre rico es quien tiene una esposa cuyos actos son dignos.*

84. **Swedish**   Marriage succeeds in developing maturity that cannot be obtained in any other social relationship.

     Sueco   *El matrimonio logra desarrollar la madurez que no puede ser obtenida en ninguna otra relación social.*

85. **French**   He who wants a wife and doesn't hurry to tell her, shouldn't complain afterwards, if he loses her to another for being a fool.

    Francés   *El que quiere una mujer y no se lo dice pronto, que no se queje después si se la quitan por tonto.*

86. **Spanish**   There is but one good woman in the world, and every married man should think his own wife is her.

    Español   *Hay solamente una mujer buena en el mundo, y cada hombre casado debe pensar que es su mujer.*

87. **American**   Don't question your wife's judgement. Look who she married.

    Americano   *No dudes del juicio de tu mujer. Mira con quién se casó.*

88. **Mexican**   Marriage is like death, very few arrive conveniently prepared.

    Mexicano   *El matrimonio es como la muerte, muy pocos llegan a él convenientemente preparados.*

89. **Spanish**   To go to war or to marry, one should not advise.

    Español   *Ir a la guerra o al altar, no se ha de aconsejar.*

90. **American**   Champion your wife!

    Americano   *¡Apoya a tu esposa!*

91. **Chinese**   The perfect wife is she who doesn't expect her husband to be perfect.

    Chino   *La mujer perfecta es la que no espera que su marido sea perfecto.*

92. **Mexican**   When one does not want to, two cannot argue.

    Mexicano   *Cuando uno no quiere, dos no riñen.*

93. **Russian**   The only way to live happily with someone is to overlook their faults and admire their virtues.

    Ruso   *La única manera de vivir felizmente con alguien es ignorar sus defectos y admirar sus virtudes.*

94. **Latin**   Trust often produces fidelity.

    Latino   *En general, la confianza produce fidelidad.*

95. **Mexican** The first wife is a broom, the second is a lady.

    Mexicano *La primera esposa es una escoba, la segunda es una dama.*

96. **Hindu** There are three unions in the world, one with God, one between husband and wife and the spirit with the flesh.

    Hindú *Hay tres uniones en el mundo, una con Dios, una entre el marido y la esposa, una más entre el espíritu y la carne.*

97. **Jewish** A man's treasure is his wife.

    Judío *El tesoro de un hombre es su esposa.*

98. **Chinese** If the wife is wise, the husband has very few enemies.

    Chino *Si la esposa es sabia, el marido tiene pocos enemigos.*

99. **Chinese** Don't judge your wife; the more you judge her the less you love her.

    Chino *No juzgues a tu mujer; cuanto más la juzgas menos la quieres.*

100. **Italian** Between a wife and husband, do not interfere.

     Italiano *Entre mujer y marido no te entrometas.*

101. **German** Love is an ideal, marriage is reality.

     Alemán *El amor es un ideal, el matrimonio la realidad.*

102. **Spanish** The widow cries, and others dance at the wedding.

     Español *La viuda llora y otros bailan en la boda.*

103. **Chinese** It's preferiable to wait a long time to marry than to make a bad decision.

     Chino *Es preferible esperar mucho tiempo para casarse que tomar una mala decisión.*

104. **French** One must pick as a husband that man, that you would choose as a friend if he was a woman.

     Francés *Hay que elegir por esposo al hombre que escogerías como amiga si fuese una mujer.*

105. **Irish** A woman worries about the future until she gets a husband; a man begins to worry about it when he gets a wife.

   Irlandés *La mujer se preocupa del porvenir hasta que consigue un marido; el hombre empieza a preocuparse del porvenir cuando consigue una esposa.*

106. **Swedish** No herring, no wedding.

   Sueco *Si no hay mole, no hay boda.*

107. **Spanish** It is not proper to visit so frequently at a friend's house after marriage as before.

   Español *No es apropiado frecuentar la casa del amigo después del matrimonio como antes se hacía.*

108. **Russian** As a man values his wife, so he values himself.

   Ruso *Del modo en que un hombre valora a su esposa, también se valora a sí mismo.*

109. **Spanish** For the young girl who marries someone much older, treat her like an older woman.

   Español *La moza que con viejo se casa, trátese como anciana.*

110. **Polish**   A bachelor and a dog may do anything they please.

     Polaco   *Un soltero y un perro pueden hacer lo que quieran.*

111. **Italian**   A woman who nags, a husband who sins.

     Italiano   *Mujer que se queja, marido que peca.*

112. **Irish**   The great virtue of marriage is based on the fact that it allows us to be alone without feeling lonely.

     Irlandés   *La gran virtud del matrimonio estriba en que nos permite estar a solas sin sentirnos solitarios.*

113. **Spanish**   No man can be a good husband if he can't eat a big breakfast.

     Español   *Ningún hombre puede ser un buen marido si no puede comer un gran desayuno.*

114. **Japanese**   He who would win the daughter must begin with the mother.

     Japonés   *Quien desee ganar a la hija, tiene que empezar con la madre.*

115. **Dutch**   A happy marriage is a long conversation that always seems too short.

     Holandés   *Un matrimonio feliz es una conversación larga que siempre parece muy corta.*

116. **Hindu**   Failing to obtain a lovely woman, affection is lavished on animals.

     Hindú   *Cuando no se consigue una mujer bonita, se aprecia mucho a los animales.*

117. **Czech**   Do not choose your spouse at a dance but in the field among the harvesters.

     Checo   *No elijas a tu esposa en un baile sino en el campo, entre los campesinos.*

118. **English**   Certain husbands exist because certain women did not want to remain single.

     Inglés   *Ciertos maridos existen porque ciertas mujeres no desean quedarse solteras.*

119. **Spanish**   If you choose someone very beautiful for a wife, you will not enjoy her alone, if you choose someone very ugly, soon you will become bored with her, therefore, choose someone who's neither ugly nor beautiful.

     Español   *Si para esposa la elegís muy hermosa, no la gozaréis solo; si la elegís muy fea, bien pronto os fastidiaréis de ella; os conviene pues, elegirla ni muy fea ni muy hermosa.*

120. **Chinese**   The wife, always quiet, should not be that way with her husband.

     Chino   *La esposa, siempre parca, no debiera serlo con el marido.*

121. **American**   Success in marriage is much more than finding the right person, it is a matter of being the right person.

     Americano   *El éxito en el matrimonio es más que encontrar a la persona adecuada; se trata de ser la persona adecuada.*

122. **Persian**   In marriage, everything asked for should be a request.

     Persa   *En el matrimonio, toda pregunta debe de ser una petición.*

123. **Brazilian**   Routines lead to boredom in a marriage.

     Brasileño   *En un matrimonio, las rutinas llevan al aburrimiento.*

124. **Mexican**   If you marry a good wife you will be happy, if you marry a bad wife you will be a philosopher.

     Mexicano   *Si te toca una mujer buena, serás feliz; si te toca una mujer mala, serás filósofo.*

125. **Greek**   Do not marry a rich woman, because your children will be enemies of work.

     Griego   *No te cases con una mujer rica porque tus hijos serán enemigos del trabajo.*

126. **Chinese**   A foolish husband fears his wife. A prudent wife respects her husband.

     Chino   *Un marido insensato teme a su mujer. Una mujer prudente respeta a su marido.*

127. **Spanish**   In right time marry off your daughter, it won't be easy if this happens.

     Español   *A su tiempo a tu hija casa, no será fácil si éste pasa.*

128. **Hindu**   The union between a man and a woman is the only good association.

     Hindú   *La unión entre un hombre y una mujer es la única asociación buena.*

129. **Jewish**   When two have the same will, their power can break through stone.

     Judío   *Cuando dos tienen la misma voluntad, su fuerza puede quebrar la piedra.*

130. **American**   We don't marry one person but three: the person you think he is, the person he is, and the person he is going to become as the result of being married to you.

     Americano   *No nos casamos con una persona sino con tres: la que uno cree que es, la que en realidad es y la persona en que se convertirá como resultado de haberse casado contigo.*

131.   **American**   What no writer's wife can ever understand is that a writer is
                        working when he is staring out the window.

      Americano   *Lo que la esposa de un escritor nunca puede entender es que
                        un escritor trabaja cuando está mirando a través de la
                        ventana.*

132.   **Spanish**   Marriage and friends, each one with their equal.

      Español   *Casar y compadrar, cada cual con su igual.*

133.   **Chinese**   When one buys a house look at the beams. When one takes a
                        wife, it's necessary to look at the mother.

      Chino   *Cuando uno compra una casa mira las vigas. Cuando se toma
                        a una mujer, es menester mirar a la madre.*

134.   **English**   Marriage can sometimes be a stormy lake; but single life is
                        almost always a muddy pond.

      Inglés   *El matrimonio puede ser a veces un lago turbulento, pero el
                        celibato es casi siempre una charca cenagosa.*

135. **Latin**

There are husbands so unjust that they demand from their wives faithfulness that they themselves violate.

Latino

Hay maridos tan injustos que exigen de sus mujeres una fidelidad que ellos mismos violan.

136. **Greek**

She who wishes not to be cheated on, should not cheat.

Griego

El que desea no ser engañado, debiera no engañar.

137. **Mexican**

Men propose and women arrange.

Mexicano

El hombre propone y la mujer dispone.

138. **Puerto Rican**

In marriage you're apt to hear about all your shortcomings.

Puertorriqueño

En el matrimonio, eres apto para oír acerca de todos tus defectos.

139. **African**

Never take a wife till you know what to do with her.

Africano

Nunca tomes una esposa hasta que sepas qué hacer con ella.

140. **Cuban** It's a compliment to become a comfortable, trusted element in another person's life.

    Cubano *Es un honor llegar a ser una persona confortable y confiable en la vida de otra persona.*

141. **Mexican** It takes a loose rein to keep a marriage together.

    Mexicano *Se requiere una rienda suelta para mantener un matrimonio fijo.*

142. **Mexican** Who among us has enough maturity to be parents before the children come? The value of marriage is not that adults produce children but that the children produce adults.

    Mexicano *¿Quién de nosotros tiene la madurez suficiente para ser padre antes de que lleguen los hijos? El valor matrimonial no estriba en que los adultos produzcan niños, sino en que éstos produzcan adultos.*

143. **German** A best friend probably will also have the best wife, because a good marriage rests in the talent of friendship.

    Alemán *El mejor amigo probablemente tendrá también la mejor esposa, porque el buen matrimonio descansa en el talento de la amistad.*

144. **Spanish**   He who goes far away to marry, will be deceived or goes to deceive.

   Español   *Quien lejos se va a casar, o va engañado o va a engañar.*

145. **Hungarian**   Marriage should not be a conversation session for correcting each other's mistakes.

   Húngaro   *El matrimonio no debe ser una conversación para corregir los errores de cada uno.*

146. **American**   You're not losing a daughter, you're gaining a son-in-law.

   Americano   *No pierdes una hija, ganas un yerno.*

147. **Spanish**   Show me, your wife, and I will tell you what kind of husband you are.

   Español   *Muéstrame a tu mujer y te diré qué clase de marido eres.*

148. **Rumanian** Don't confuse looking for the perfect mate with looking for the right mate. No one is perfect and if you wait for the perfect person, you'll spend the rest of your life alone.

    Rumano *No confundas "busca a la pareja perfecta" con" buscar a la pareja adecuada". Nadie es perfecto y si esperas a la persona perfecta, pasarás el resto de tu vida sola.*

149. **American** In every marriage more than a week old there are grounds for divorce. The secret is to find and continue to find grounds for marriage.

    Americano *Todo matrimonio que lleva más de una semana, tiene razones para el divorcio. El secreto radica en buscar continuamente las razones para el matrimonio.*

150. **Portuguese** Married couples want to see others married.

    Portugués *Parejas casadas quieren ver a otras también casadas.*

151. **American** Only when like marries like can there be any happiness.

    Americano *Solamente cuando iguales se casan con iguales puede existir la felicidad.*

152. **Irish** No wife has ever changed a husband.

     Irlandés *Nunca una esposa ha cambiado a un marido.*

153. **French** For a woman, love comes after marriage.

     Francés *Para una mujer, el amor viene después del matrimonio.*

154. **Hindu** The best marriages are when the parents choose for the girl.

     Hindú *Los mejores matrimonios ocurren cuando los padres eligen por la muchacha.*

155. **American** Young ladies who eat large quantities never catch husbands.

     Americano *Las señoritas que comen demasiado nunca atrapan marido.*

156. **American** Why is it a girl has to be so silly to catch a husband?

     Americano *¿Por qué una muchacha tiene que ser tan tonta para atrapar un marido?*

157. **English**   Men are surprised after they're married to find that their wives do have a brain.

   Inglés   *Los hombres se sorprenden después de casarse al descubrir que sus esposas sí son inteligentes.*

158. **Dutch**   Love isn't enough to make a successful marriage when two people are so different.

   Holandés   *El amor no es suficiente para hacer que un matrimonio sea exitoso cuando dos personas son tan distintas.*

159. **French**   The wedding day belongs to the bride.

   Francés   *El día de la boda pertenece a la novia.*

160. **American**   A poor husband is better than no husband.

   Americano   *Un marido pobre es mejor que ninguno.*

161. **Spanish**   No one has a right to critize a husband and a wife.

   Español   *Nadie tiene el derecho de criticar a un marido y su esposa.*

162. **English**   The husband is always the last to find out.

       Inglés   *El marido es siempre el último en enterarse.*

163. **American**   Friendship is to marriage as sunshine is to a flower.

       Americano   *La amistad es al matrimonio como el sol a la flor.*

164. **Chinese**   A good dog does not bite a child and a good man does not hit his wife.

       Chino   *Un buen perro no muerde a un niño y un buen hombre no le pega a su esposa.*

165. **Spanish**   In the house of the wretched, the woman commands more than the husband.

       Español   *En casa del mezquino, manda más la mujer que el marido.*

166. **American**   Something new, something old, something blue and something borrowed.

       Americano   *Algo nuevo, algo viejo, algo azul y algo prestado.*

167. **Scottish** A successful marriage requires falling in love many times, always with the same person.

      Escocés *Un matrimonio exitoso requiere que los cónyugues se enamoren muchas veces, siempre de la misma persona.*

168. **American** Better to be lonely than unhappy.

      Americano *Mejor estar solo que ser infeliz.*

169. **Mexican** The girlfriend of the student is never the wife of the professional.

      Mexicano *La novia del estudiante jamás será la esposa del profesionista.*

170. **Brazilian** If you marry a young woman, make sure your friends stay outside.

      Brasileño *Si te casas con una mujer joven, cuida que tus amigos se queden fuera.*

171. **English** "Come see me" and "come live with me" are two different things.

      Inglés *"Ven a verme" y "ven a vivir conmigo" son dos cosas diferentes.*

172. **African**   He who longs too much for a child will marry a pregnant woman.

   Africano   *El que desea mucho tener un hijo, se casará con una mujer embarazada.*

173. **Dutch**   Wisdom is the man, patience is the wife, brings peace to the house and a happy life.

   Holandés   *La sabiduría es el hombre, la paciencia es la esposa, traen paz a la casa y una vida feliz.*

174. **Russian**   Happy the marriage where the husband is the head and the wife the heart.

   Ruso   *Feliz es el matrimonio donde el marido es la cabeza y la esposa el corazón.*

11
Mothers
Madres

**There is only one thing in the world more
beautiful than a woman... a mother.**

German proverb

**En el mundo, sólo hay una cosa más
bella que una mujer... una madre.**

Proverbio alemán

1. **Greek**   There is a mother at the beginning of all great things.

   Griego   *Siempre hay una madre al inicio de todas las cosas grandes.*

2. **American**   Although you do not want to admit it, nine out of ten times your mother was right.

   Americano   *Aunque no quieras admitirlo, nueve de diez veces tu madre estaba en lo cierto.*

3. **Arabic**   The mother is the salvation of the family.

   Árabe   *La madre es la salvación de la familia.*

4. **German**   There is only one thing in the world more beautiful than a woman... a mother.

   Alemán   *En el mundo, sólo hay una cosa más bella que una mujer... una madre.*

5. **Arabic**   If the love of God resembles anything on this Earth, it is without doubt, a mother's love.

   Árabe   *Si el amor de Dios se parece a algo en este mundo es, sin duda, al amor de una madre.*

6. **Hindu**   In prosperity, the father; in adversity, the mother.
   Hindú   *En la prosperidad, el padre; en la adversidad, la madre.*

7. **Jewish**   A loving mother is the heart of the home.
   Judío   *Una madre amorosa es el corazón del hogar.*

8. **Mexican**   A mother's heart is the child's school.
   Mexicano   *El corazón de la madre es la escuela del niño.*

9. **Mexican**   There are no words or brush that can describe the love or pain of a mother.
   Mexicano   *No hay palabra ni pincel que lleguen a describir el amor o el dolor de una madre.*

10. **Italian**   Heed your mother's words as if they were from God.
    Italiano   *Atiende las palabras de tu madre como si fueran las de Dios.*

11. **English**   If all the mothers of all the nations were united, there would be no wars.

     Inglés   *Si las madres de todas las naciones se unieran, no habría guerras.*

12. **Polish**   One mother is worth ten fathers.

     Polaco   *Una madre vale por diez padres.*

13. **Spanish**   When a mother's anger is released, the father has no tongue.

     Español   *Cuando la cólera sale de la madre, no tiene lengua el padre.*

14. **American**   If you educate a man, you have an educated man; but if you educate a woman, you educate a family.

     Americano   *Si educas a un hombre, obtienes un hombre educado; pero si educas a una mujer, educas a una familia.*

15. **Mexican**   Of a good or bad mother, no one and never speak badly.

     Mexicano   *De buena o mala madre, nadie y nunca mal hable.*

16. **Jewish**   The wise mother builds her home.

    Judío   *La madre sabia edifica su casa.*

17. **American**   Men build houses but woman make homes.

    Americano   *Los hombres construyen casas pero las mujeres hacen hogares.*

18. **Mexican**   A good mother doesn't tell her child, "Do you want some"? But, "Here, take it".

    Mexicano   *La buena madre no dice al hijo "¿quieres?" sino "toma".*

19. **Mexican**   Heaven is under a mother's feet.

    Mexicano   *El cielo está bajo los pies de una madre.*

20. **Chinese**   Although she breaks a palm-branch to punish her child, a good mother always conserves her affection for him.

    Chino   *Aunque rompa una palmeta para castigar a su hijo, una buena madre siempre conserva su afecto por él.*

21. **Irish**   Mothers do best when they raise children with a hard-working man.

    Irlandés   *Las madres hacen mejor cuando crían hijos con un hombre trabajador.*

22. **English**   The hand that rocks the cradle controls the world.

    Inglés   *La mano que arrulla la cuna, controla el mundo.*

23. **Puerto Rican**   A home without a mother, must be a very poor one.

    Puertorriqueño   *Una casa sin madre, pobre ha de ser.*

24. **American**   Make me a saint by getting meals and washing up the plates.

    Americano   *Haz de mí una santa por preparar comidas y lavar platos.*

25. **Hungarian**   Never stand between a mother and her children.

    Húngaro   *Nunca te pongas entre una madre y sus hijos.*

26. **Russian** There is no such thing as a non-working mother.

    Ruso *No hay tal cosa como una madre que no trabaja.*

27. **Mexican** A wise mother, fattens her young.

    Mexicano *Madre sapiente, engorda la serpiente.*

28. **African** Return to your mother all the good that she has done for you.

    Africano *Devuelve a tu madre todo lo bueno que haya hecho por ti.*

29. **American** Men want to improve the world, but mothers want to improve their whole family. That is a much harder task.

    Americano *Los hombres quieren mejorar el mundo, las madres a su familia. Ésta es una tarea mucho más difícil.*

30. **Polish** What reaches up to a mother's heart comes only to the knees of a father.

    Polaco *Lo que llega al corazón de una madre se queda en las rodillas del padre.*

31. **Spanish** For a mother, the great ability is to have a lot of patience.

    Español *De la madre, la gran ciencia es tener mucha paciencia.*

32. **French** Mothers invented love here on Earth.

    Francés *Las madres inventaron el amor en la Tierra.*

33. **Chinese** Only when a woman has children can she understand the love of her mother.

    Chino *Sólo cuando la mujer tiene hijos puede entender el amor de su madre.*

34. **English** Give me, mother, luck at my birth, then throw me if you will on the rubbish heap.

    Inglés *Dame, madre, suerte en mi nacimiento y después arrójame, si quieres, sobre un montón de basura.*

35. **Turkish** Home is the throne from where women rule the world.

    Turco *El hogar es el trono desde el cual la mujer rige el mundo.*

36. **Jewish** The greatest love is that of a mother.
    Judío *El amor más grande es el de una madre.*

37. **Chinese** The wise woman is the mother of the human family.
    Chino *La mujer sabia es la madre, de la familia humana.*

38. **Albanian** If you don't obey your mother you'll obey your stepmother.
    Albanés *Si no obedeces a tu madre obedecerás a tu madrastra.*

39. **Basque** A home without a woman is a body without blood.
    Vasco *Una casa sin mujer es un cuerpo sin sangre.*

40. **Hindu** He who goes to the hills goes to his mother.
    Hindú *Quien va a las montañas, va con su madre.*

41. **Danish** The longest road is from the mother to the front door.
    Danés *El camino más largo va de la madre a la puerta.*

42. **Russian**   Mothers, you have in your hands the salvation of the world.

    Ruso   *Madres, ustedes tienen en sus manos la salvación del mundo.*

43. **African**   The first school is the mother.

    Africano   *La primera escuela es la madre.*

44. **African**   She who leaves her mother naked will certainly not dress her aunt.

    Africano   *Quien deja desnuda a su madre, ciertamente no vestirá a su tía.*

45. **American**   Maternity is fact, paternity is only rumor.

    Americano   *La maternidad es un hecho, la paternidad es solo un rumor.*

46. **Japanese**   The ability of the wise mother comes from life and books.

    Japonés   *La habilidad de la madre sabia viene de la vida y de los libros.*

47. **Jewish**   Since God could not be everywhere, so he made mothers.

    Judío   *Como Dios no podía estar en todas partes, hizo a las madres.*

48. **Persian**   The best eduaction for a child is on its mother's lap.

    Persa   *La mejor educación para un niño está en el regazo de su madre.*

49. **Arabic**   All things end, except a mother's love.

    Árabe   *Todo concluirá, menos el amor de una madre.*

50. **Spanish**   Every mother thinks that the sun shines only for her child.

    Español   *Toda madre piensa que el sol brilla sólo para su hijo.*

51. **Italian**   Mothers are a gift of love from God.

    Italiano   *Las madres son un regalo de amor de Dios.*

52. **English**   "Mother" is the name of God, on the lips and in the hearts of children.

    Inglés   *"Madre" es el nombre de Dios, en los labios y en los corazones de los niños.*

53. **Spanish**   The image of God in the mother is the most perfect in all creation.

    Español   *La imagen de Dios en la madre es lo más perfecto de toda la creación.*

54. **Spanish**   If there is anything under the sun deserving to be esteemed and appreciated it is a good mother.

    Español   *Si hay algo bajo el sol que merezca ser estimado y apreciado, es una madre buena.*

55. **Mexican**   Every mother that gives birth to a baby loves it.

    Mexicano   *Cada madre que da a luz a un bebé, lo ama.*

56. **Hindu**   Every woman wants a baby.

    Hindú   *Toda mujer quiere un bebé.*

57. **Mexican**   When a child sleeps, it's the mother who rests.

    Mexicano   *Cuando un niño duerme, quien más descansa es su madre.*

58. **American**   When you take the child by the hand, you take his mother by the heart.

    Americano   *Cuando tomas al niño por la mano, tomas a su madre por el corazón.*

59. **Spanish**   Children without pain, a mother without love.

    Español   *Hijos sin dolor, madre sin amor.*

60. **American**   Sweet are the uses of motherhood.

    Americano   *Dulces son los usos de la maternidad.*

61. **American**   Mothers are cooks, doctors, teachers, maids, chauffeurs, administrators and more.

    Americano   *Las madres son cocineras, doctoras, maestras, criadas, choferes, administradoras y más.*

62. **Mexican**   The three greatest loves are of a mother, a lover and a dog.

    Mexicano   *Los tres más grandes amores son de una madre, un amante y un perro.*

63. **Turkish**   Who kisses the feet of her mother, kisses the steps to Paradise.
    Turco   *Quien besa los pies de su madre, besa los escalones al paraíso.*

64. **African**   Friendship reminds us of fathers, love of mothers.
    Africano   *Por la amistad recordamos a los padres y el amor de las madres.*

65. **Russian**   There are many fathers, but only one mother.
    Ruso   *Hay muchos padres, pero solo una madre.*

66. **African**   A hundred aunts is not the same as one mother.
    Africano   *Cien tías no son lo mismo que una madre.*

67. **French**   A mother's words are often oracles.
    Francés   *Las palabras de la madre muchas veces son oráculos.*

12
Children
Niños y niñas

Children need hugs more than things.

American proverb

Los niños necesitan caricias más que cosas.

Proverbio americano

1. **American**   The happiest days are when babies come.
   Americano   *Los días más felices son cuando llegan los bebés.*

2. **American**   Children need hugs more than things.
   Americano   *Los niños necesitan caricias más que cosas.*

3. **Spanish**   A house without children is a cemetery.
   Español   *Una casa sin niños es un cementerio.*

4. **African**   It takes a village to raise a child.
   Africano   *Se necesita un pueblo para criar a un niño.*

5. **Mexican**   Children's laughter is sunshine in a house.
   Mexicano   *La risa de los niños es brillo de sol en una casa.*

6. **Rumanian**   Among children all are brothers and sisters.
   Rumano   *Entre niños, todos son hermanos y hermanas.*

7. **American**   A baby is God's belief that the world should go on.

   Americano   *Un bebé es la creencia de Dios de que el mundo debe continuar.*

8. **Mexican**   We should never laugh at a child's tears. All pain is the same.

   Mexicano   *Nunca debemos reír de las lágrimas de un niño. Todos los dolores son iguales.*

9. **English**   The sparkle in a child's eye is brighter than a diamond.

   Inglés   *El destello en el ojo de un niño brilla más que un diamante.*

10. **Russian**   Say "yes" to a child often.

    Ruso   *A menudo, dile "sí" a un niño.*

11. **American**   Children make your life important.

    Americano   *Los niños hacen tu vida importante.*

12. **Dutch**   Too many children never broke the roof of a house.

    Holandés   *Demasiados niños nunca rompieron el techo de una casa.*

13. **Chinese**   One world, many children.
     Chino   *Un mundo, muchos niños.*

14. **Japanes**   The lost child cries, but he continues chasing butterflies.
     Japonés   *El niño perdido llora, pero sigue cazando mariposas.*

15. **Latin**   Blame the parents and not the child.
     Latino   *Culpa a los padres y no al niño.*

16. **Czech**   If you want to know a secret ask the young children.
     Checo   *Si quieres saber un secreto, pregunta a los niños pequeños.*

17. **Mexican**   To the bad child, give more love and less spankings.
     Mexicano   *Hay que darle al niño malo más amor y menos palos.*

18. **French**   Children are the smile of the world.
     Francés   *Los niños son la sonrisa del mundo.*

19. **Greek**   The truth comes out of the mouth of children.

     Griego   *La verdad sale de la boca de los niños.*

20. **Mexican**   When milk is scarce, the child comes first.

     Mexicano   *Cuando la leche es poca, al niño le toca.*

21. **Italian**   Children find everything in nothing, and adults find nothing in everything.

     Italiano   *Los niños encuentran el todo en la nada y los adultos la nada en el todo.*

22. **Swiss**   Where there are no children, there is no heaven.

     Suizo   *Donde no hay niños, no hay cielo.*

23. **Persian**   Children need and want discipline.

     Persa   *Los niños necesitan y quieren disciplina.*

24. **Mexican**   Five minutes of hugging is worth more than five minutes of good advice.

    Mexicano   *Cinco minutos de caricias valen más que cinco minutos de buenos consejos.*

25. **American**   Children are life renewing itself.

    Americano   *Los niños son la vida renovándose.*

26. **German**   If you can give your child only one gift, let it be enthusiasm.

    Alemán   *Si puedes dar a tu hijo solamente un regalo, que sea el entusiasmo.*

27. **Mexican**   A child's smile is like the beginning of a sunny day.

    Mexicano   *La sonrisa de un niño es como el inicio de un día radiante.*

28. **Spanish**   By teaching and reteaching, a bad child becomes good.

    Español   *Enseño y reenseño, del mal hijo hacen bueno.*

29. **Hindu**   A small child in a home is a spring of pleasure.

       Hindú   *Un niño pequeño en casa es un manantial de placer.*

30. **American**   To have a child is a decision to have your heart walking outside your body.

       Americano   *Tener un niño es una decisión que tiene que ver con que tu corazón camine fuera de tu cuerpo.*

31. **Mexican**   One child is worth ten adults.

       Mexicano   *Un niño vale por diez adultos.*

32. **Latin**   A child is the root of the heart.

       Latino   *Un niño es la raíz del corazón.*

33. **French**   A child is a visible love.

       Francés   *Un niño es un amor visible.*

34. **Spanish**   From children expect childish acts.

       Español   *De un niño espera actos infantiles.*

35. **Italian**   There can never be too many children or glasses in a house.

     Italiano   *En una casa, los niños y los vasos nunca serán demasiados.*

36. **American**   Play is the international language of children.

     Americano   *Jugar es el idioma internacional de los niños.*

37. **Brazilian**   The heart is always a child.

     Brasileño   *El corazón es siempre un niño.*

38. **Greek**   Don't hold with too much vigor the hand of a tender child.

     Griego   *No estreches con demasiado vigor la mano de un niño tierno.*

39. **American**   Children need models more than critics.

     Americano   *Los niños necesitan modelos más que críticos.*

40. **Swedish**   Children are like the first snow falls.

     Sueco   *Los niños son como las primeras nevadas.*

41. **Jewish**   The world is sustained thanks to the happiness of children.

    Judío   *El mundo se sostiene gracias a la alegría de los niños.*

42. **Chinese**   She who has a lot of money and no children, is not rich. She who has a lot of children and little money, is not poor.

    Chino   *Quien posee mucho dinero y ningún hijo, no es rico. Quien tiene muchos hijos y poco dinero, no es pobre.*

43. **Italian**   Whoever has created them must rock them.

    Italiano   *Quien los ha creado tiene que mecerlos.*

44. **Mexican**   The foundations of any society are the children.

    Mexicano   *Los cimientos de cualquier sociedad son los niños.*

45. **American**   A baby is born with a need to be loved, and never outgrows it.

    Americano   *Un bebé nace con la necesidad de ser amado y ésta nunca se extingue con la edad.*

46. **African**   Never deceive a child.

    Africano   *Nunca engañes a un niño.*

47. **American**   In every case, it's the child who gets too much mother and not enough father.

    Americano   *En cada caso es el niño quien recibe demasiada madre y no suficiente padre.*

48. **English**   A child in a home is a hundred enjoyments.

    Inglés   *Un niño en casa es un ciento de placeres.*

49. **Latin**   No one but philosophers, children and fools, are perfectly happy.

    Latino   *Nadie es perfectamente feliz salvo los filósofos, los niños y los tontos.*

50. **Mexican**   Children are more like brothers than adults are.

    Mexicano   *Los niños son más como hermanos que los adultos.*

51. **Puerto Rican**   Take your news from the little ones.

    Puertorriqueño   *Toma las noticias de los pequeños.*

❋

52. **Spanish**   For your neighbor's child, clean his nose and give him a piece of bread.

    Español   *Al hijo de tu vecino, límpiale la nariz y dale un pedazo de pan.*

❋

53. **Swiss**   Keep at least two paces from he who does not love bread or the voice of a child.

    Suizo   *Mantente al menos dos pasos lejos de aquel que no ama el pan o la voz de un niño.*

❋

54. **Cuban**   If you want to improve the world, educate a child.

    Cubano   *Si quieres mejorar el mundo, educa un niño.*

❋

55. **Mexican**   A tree should be straightened while it is still small, so that it will grow straight.

    Mexicano   *Al árbol hay que enderezarlo chico para que crezca derecho.*

❋

56. **Chinese**   A house without a child's voice of a child is like a garden without flowers.

     Chino   *Una casa sin la voz de un niño es como un jardín sin flores.*

57. **Arabic**   The time spent with a child is never wasted.

     Árabe   *El tiempo que se pasa con un niño nunca está mal gastado.*

58. **African**   Teach the children and the adults will follow out of shame.

     Africano   *Enseña a los niños, y los adultos harán las cosas bien por vergüenza.*

59. **English**   Babies are a beatiful way of starting people.

     Inglés   *Los bebés son una manera hermosa de empezar la vida.*

60. **Mexican**   Children are the mirror of the family in which they live.

     Mexicano   *Los hijos son el espejo de la familia en la que viven.*

61. **Mexican**   Only through the eyes of a child is it possible to see what is beautiful, just and true.

    Mexicano   *Sólo a través de los ojos de un niño es posible ver lo que es bello, justo y verdadero.*

62. **English**   Infancy is an indication of the adult, like morning is an indication of the day.

    Inglés   *La infancia muestra al hombre, como la mañana muestra al día.*

63. **Spanish**   Someone else's food, makes the child good.

    Español   *El pan ajeno hace al hijo bueno.*

64. **Mexican**   Educate the parents and you won't have need to punish the children.

    Mexicano   *Educa a los padres y no tendrás necesidad de castigar a los hijos.*

65. **Spanish**   Wherever there are children, there exist a golden age.

    Español   *Donde quiera que haya niños, existe una edad de oro.*

66. **Greek**   It's easier to give life to a child, than to give him a good soul.

    Griego   *Es mucho más fácil dar la vida a un niño que darle un alma buena.*

67. **Chinese**   A small correction is preferable to a big warning.

    Chino   *Una pequeña corrección es preferible a una gran advertencia.*

68. **Mexican**   Cover the wells before the children drown.

    Mexicano   *Se tapan los pozos antes de que los niños se ahoguen.*

69. **Arabic**   A child who is taught to ask questions will not become a fool.

    Árabe   *Un niño a quien se le enseña a preguntar, no será tonto.*

70. **Chinese**   If you love your children, correct them. If you don't love them, give them sweets.

    Chino   *Si quieres a tu hijo, corrígele. Si no lo quieres, dale golosinas.*

71. **Jewish**   It's important to be wise so you can make children understand it.
    Judío   *Es preciso ser sabio para hacérselo comprender a los niños.*

72. **Portuguese**   When you want the truth ask the youth.
    Portugués   *Cuando quieres la verdad pregunta a la mocedad.*

73. **American**   Children are people too.
    Americano   *Los niños son personas también.*

74. **Spanish**   A rich man's child, don't touch his clothes.
    Español   *Al hijo del rico no le toques el vestido.*

75. **American**   If you want children to improve, let them overhear the nice things you say about them to others.
    Americano   *Si quieres que los niños se superen, deja que escuchen las cosas buenas que de ellos dices a otros.*

76. **Universal**   A chip off the old block.
    Universal   *De tal palo, tal astilla.*

77. **Colombian**   Youth is a summer sun.
    Colombiano   *La mocedad es un sol de verano.*

78. **Mexican**   What is learned in the cradle, will last forever.
    Mexicano   *Lo que se aprende en la cuna, siempre dura.*

79. **French**   Mandatory primary education is a child's right.
    Francés   *La instrucción primaria obligatoria es el derecho del niño.*

80. **Spanish**   Manners and money, turn children into gentleman.
    Español   *Costumbres y dineros, hacen a los hijos caballeros.*

81. **Latin**   Take care of your children and they will take care of you.
    Latino   *Cuida a tus hijos y ellos cuidarán de ti.*

82. **Hindu**   A child is a blessing from God.
    Hindú   *Un niño es una bendición de Dios.*

83. **American**   Children have never been very good at listening to their parents, but they never fail to imitate them.

    Americano   *Los niños nunca han sido buenos para escuchar a sus padres, pero nunca fallan al imitarlos.*

84. **Hungarian**   Never argue in front of children.

    Húngaro   *Nunca discutas frente a los niños.*

85. **Spanish**   The child who is well loved, is punished.

    Español   *A quien se quiere bien, se le castiga.*

86. **French**   A house without children is a hive without bees.

    Francés   *Una casa sin hijos es una colmena sin abejas.*

87. **Chinese**   What one person cannot do, generations can.

    Chino   *Lo que una persona no puede hacer, las generaciones lo hacen.*

88. **Jewish**   To enter heaven, you must be like a child.

    Judío   *Para entrar al cielo, debes ser como niño.*

89. **Spanish**   Being raised by grandparents is never good.

    Español   *Criado por abuelo, nunca bueno.*

90. **Japanese**   Any child who has someone who are interested in him and a house full of books, is not poor.

    Japonés   *Cualquier niño por el que alguien está interesado, y posee además una casa llena de libros, no es pobre.*

91. **American**   A child, like your stomach, doesn't need all you can afford to give it.

    Americano   *Un niño, como tu estómago, no necesita todo lo que le puedes dar.*

92. **Mexican**   May our children work like our parents worked.

    Mexicano   *Que trabajen nuestros hijos como trabajaron nuestros padres.*

93. **American**   Modeling may not only be the best way to teach; it may be the only way.

    Americano   *Tal vez modelar no sea la mejor manera de enseñar, sino la única.*

94. **Polish**   Expect from your son what you have done with your father.

    Polaco   *Espera de tu hijo lo que has hecho con tu padre.*

95. **English**   We were all children once playing with toys.

    Inglés   *Jugando con juguetes fuimos niños una vez.*

96. **French**   Little girls, good wine and treaties last as long as they last.

    Francés   *Niñas, buen vino y tratados, duran hasta que duran.*

97. **Greek**   Children should be taught to think for themselves.

    Griego   *A los niños se les debe enseñar a pensar por sí mismos.*

98. **Venezuelan**   The most important person in the home is not the father or the mother, but the child, because the future depends on him or her.

    Venezolano   *La persona más importante en el hogar no es el padre ni la madre sino el niño, pues de él depende el futuro.*

99. **American** The purest affection that the heart can hold, is the honest love of a nine year old.

    Americano *La afección más pura que el corazón puede tener, es el amor honesto de un niño de nueve años.*

100. **Mexican** If there are children at the table, we should take them into consideration in our conversations.

    Mexicano *Si hay niños en la mesa, debemos tomarlos en cuenta en nuestras pláticas.*

101. **Italian** The world is so difficult that a child must have a father and a godfather.

    Italiano *El mundo es tan difícil que un niño debe tener un padre y un padrino que lo cuiden.*

102. **English** Write a book, plant a tree and raise a child.

    Inglés *Escribe un libro, siembra un árbol y cria a un niño.*

103. **French**   Children do not live a past or a future, and the present, which they barely have, they enjoy.

     Francés   *Los niños no viven ni pasado ni porvenir y el presente que apenas tienen lo gozan.*

104. **American**   Nothing turns off a child more from learning than being forced into it.

     Americano   *Nada molesta más a un niño que ser obligado a aprender.*

105. **American**   Of all the dearest sights in the world, nothing is so beautiful as a child when she is giving something. A child gives the world to you.

     Americano   *De todas las vistas adorables en el mundo, nada es tan bello como un niño cuando da algo. Un niño te da el mundo.*

106. **Persian**   A child raised to have ideals will have no lack of opportunity to apply them.

     Persa   *Un niño criado para tener ideales no tendrá falta de oportunidad para aplicarlos.*

107. **English**   Nothing can help you understand your beliefs more than trying to explain them to a child.

   Inglés   *Nada puede ayudarte a comprender mejor tus creencias que intentar explicárselas a un niño.*

108. **German**   It is not what you do for your children but what you have taught them to do for themselves.

   Alemán   *No es lo que haces por tus hijos, sino lo que les has enseñado a hacer por ellos mismos.*

109. **Jamaican**   A child who does what it pleases is seldom pleased with what it does.

   Jamaiquino   *Un niño que hace lo que quiere rara vez queda satisfecho con lo que hace.*

110. **American**   You cannot teach a child to take care of himself unless you let him try to take care of himself.

   Americano   *No podrás enseñar a un niño a cuidarse a menos que le permitas intentarlo.*

111. **Brazilian**   If you want to see what children can do, you must stop giving them things.

       Brasileño   *Si quieres ver qué pueden hacer los niños, deja de darles cosas.*

112. **French**   The beginning of education is to preach by example.

       Francés   *El principio de la educación es predicar con el ejemplo.*

113. **American**   We should see children not as empty bottles to fill, but as candles to light.

       Americano   *Debemos de ver a los niños no como botellas vacías que hay que llenar, sino como velas que hay que encender.*

114. **American**   Grown-ups never understand anything for themselves, and it is tiresome for children to be always and forever explaining things to them.

       Americano   *Los mayores nunca comprenden nada por sí mismos, y es cansado para los niños tener que explicarles siempre todo.*

115. **Mayan**   Son, save all this advice in the deepest part of your heart, because one day you will need it.

    Maya   *Hijo, guarda todos los consejos en lo más profundo de tu corazón, porque algún día los necesitarás.*

116. **Mexican**   To your children, give them a good name and a trade, because an inheritence sometimes causes more harm.

    Mexicano   *A tus hijos, dales buen nombre y oficio; la hacienda sirve a veces de perjuicio.*

117. **Turkish**   The true orphans are those who didn't receive an education.

    Turco   *Los verdaderos huérfanos son aquellos que no han recibido una educación.*

118. **Arabic**   You may strive to be like children, but seek not to make them like yourself.

    Árabe   *Puedes esforzarte en ser como los niños, pero no pretendas hacerlos como tú.*

119. **Cuban**   When I approach a child, he inspires in me two sentiments: tenderness for what he is, and respect for what he may become.

     Cubano   *Cuando me acerco a un niño, me inspira dos sentimientos: ternura por lo que es, y respeto por lo que puede llegar a ser.*

120. **Irish**   The job will wait while you show the child the rainbow, but the rainbow won't wait while you finish the job.

     Irlandés   *El trabajo esperará mientras enseñas el arcoiris al niño, pero el arcoiris no esperará hasta que termines el trabajo.*

121. **Jewish**   What the child says in the street, is what his parents say at home.

     Judío   *Lo que el niño dice en la calle, es lo que dicen sus padres en casa.*

122. **Arabic**   If you want to learn something, listen to children.

     Árabe   *Si quieres aprender algo, escucha a los niños.*

123. **Chinese**   Children do not like to be told, but to be shown.

     Chino   *A los niños no les gusta que les digan qué hacer sino que se los muestren.*

124. **English**   The laughter of children makes a home.

   Inglés   *La risa de los niños hace un hogar.*

❋

125. **American**   A hundred years from now, it will not matter what my bank account was, the sort of house I lived in, or the kind of car I drove. But, the world may be better because I was important in the life of a child.

   Americano   *Dentro de cien años, no importará a cuanto ascendió mi cuenta bancaria, el tipo de casa donde viví o el carro que manejé. Pero el mundo será mejor porque yo fui importante en la vida de un niño.*

❋

126. **American**   There is nothing more peaceful than to watch a baby sleeping.

   Americano   *No hay nada más tranquilo que ver a un bebé durmiendo.*

❋

127. **Mexican**   Children and wise sayings, tell the truth.

   Mexicano   *Los niños y los refranes, dicen las cosas reales.*

❋

128. **Swedish**   Children make you feel younger.

   Sueco   *Los niños te hacen sentir más joven.*

129.   **Persian**   Give a little love to a child and receive a thousand times more in return.

   Persa   *Da un poco de amor a un niño y recibirás mil veces más a cambio.*

13
Success
Éxito

In the battle of the sexes, the enemy is within ourselves.
French proverb

En la lucha de los sexos, el enemigo está en nosotros mismos.
Proverbio francés

1. **Chinese**   There is a woman behind all great things.
   Chino   *Hay una mujer detrás de todas las cosas grandes.*

⁕

2. **French**   A woman who is loved will always be successful.
   Francés   *Una mujer que es amada siempre tendrá éxito.*

⁕

3. **American**   Women who feel good about themselves produce good results.
   Americano   *Las mujeres que se sienten bien consigo mismas producen buenos resultados.*

⁕

4. **Russian**   To succeed you must be easy to start and hard to stop.
   Ruso   *Para triunfar debe ser fácil empezar y difícil detenerse.*

⁕

5. **American**   Self confidence is the first secret for success.
   Americano   *La confianza en uno mismo es el primer secreto del éxito.*

⁕

6. **Jewish**   You can't get ahead by keeping quiet.
   Judío   *Si te quedas callado, no avanzas.*

7. **Mexican**   Do what you can alone, don't wait for others.

   Mexicano   *Si lo puedes hacer solo, no esperes a otros.*

8. **Mexican**   No great man or woman complains about a lack of opportunities.

   Mexicano   *Ningún gran hombre o mujer se queja por la falta de oportunidades.*

9. **German**   Successful people do not quit.

   Alemán   *La gente exitosa no se rinde.*

10. **English**   The world expects results. Don't tell others about the labor pains, show them the baby.

    Inglés   *El mundo espera resultados. No le digas de los dolores del parto, enséñale al bebé.*

11. **Polish**   Success is spelled w-o-r-k.

    Polaco   *El éxito se deletrea t-r-a-b-a-j-o.*

12. **Persian** The lure of distance is deceptive. The great opportunity is where you are.

   Persa *El señuelo de la distancia es engañoso. La gran oportunidad es donde estás.*

13. **American** Do what you love, the money will follow.

   Americano *Haz lo que amas, el dinero vendrá a continuación.*

14. **Greek** People may doubt what you say, but they will believe what you do.

   Griego *La gente puede dudar de lo que dices, pero creerá en lo que haces.*

15. **Cuban** Don't be afraid to give up the good to go for the best.

   Cubano *No tengas miedo a dejar lo bueno para ir por lo mejor.*

16. **Japanese** Think of ease, but work on.

   Japonés *Piensa en comodidad, pero sigue trabajando.*

17. **Irish**   Every individual is responible for his or her own development in any field.

    Irlandés   *Todo individuo es responsable de su propio desarrollo en cualquier campo.*

⁓⁂⁓

18. **Swedish**   To be better one must first be worse.

    Sueco   *Para ser mejor, uno primero debe ser peor.*

⁓⁂⁓

19. **Greek**   Know your opportunity.

    Griego   *Conoce tu oportunidad.*

⁓⁂⁓

20. **Hindu**   Hug your body and lecture yourself.

    Hindú   *Abraza tu cuerpo y sermonéate.*

⁓⁂⁓

21. **Arabic**   There is no age limit to labor well.

    Árabe   *No hay límite de edad para trabajar bien.*

⁓⁂⁓

22. **Portuguese** Make big plans, aim high in hope and work.

    Portugués   *Haz planes grandes, apunta alto en la esperanza y el trabajo.*

⁓⁂⁓

23. **German**   No one can change themselves, but we all can improve.

    Alemán   *Nadie puede cambiar, pero todos podemos mejorar.*

24. **Chinese**   To succeed you must earnestly desire; and this desire must shorten your sleep.

    Chino   *Para tener éxito tienes que desear seriamente, y este deseo tiene que acortar tu sueño.*

25. **American**   You have to be first, best or different.

    Americano   *Tienes que ser el primero, el mejor o diferente.*

26. **Hungarian**   She who works has much, she who saves, still more.

    Húngaro   *Quien trabaja tiene mucho, quien ahorra aún más.*

27. **Greek**   Don't wait for your ship to come in, swim toward it.

    Griego   *No esperes que tu barco llegue, nada hacia él.*

28. **Chinese**   If you like things easy, you'll have difficulties, if you like problems, you'll succeed.

    Chino   *Si te gustan las cosas fáciles, tendrás dificultades; si te gustan los problemas, tendrás éxito.*

❧❧❧

29. **French**   Our luck is in our will.

    Francés   *Nuestra suerte está en nuestra voluntad.*

❧❧❧

30. **French**   In the battle of the sexes, the enemy is within ourselves.

    Francés   *En la lucha de los sexos, el enemigo está en nosotros mismos.*

❧❧❧

31. **Brazilian**   Everthing is possible. Some things just take a little longer than others.

    Brasileño   *Todo es posible, sólo que algunas cosas llevan más tiempo que otras.*

❧❧❧

32. **Chinese**   The reason so few women get what they want is because they don't want it bad enough.

    Chino   *La razón de que pocas mujeres consigan lo que quieren es que no lo quieren bastante.*

❧❧❧

33. **American**   There is nobody like you.

     Americano   *No hay nadie como tú.*

34. **Spanish**   There is more to be done than washing a dish.

     Español   *Hay más que hacer que lavar un plato.*

35. **African**   Success is the right amount of work each day.

     Africano   *El éxito es la cantidad adecuada de trabajo diario.*

36. **Arabic**   She who doesn't listen to her elders will have problems.

     Árabe   *Quien no escucha a sus mayores tendrá problemas.*

37. **Chinese**   For those who do things in their moment, every day is worth three.

     Chino   *Para quien hace las cosas en su momento, cada día vale por tres.*

38. **American**   If a boy can do it, a girl can do it.

     Americano   *Si un niño puede hacerlo, una niña también.*

39. **French**   Find something you're passionate about and keep tremedously interested in it.

    Francés   *Busca algo que te apasione y mantente muy interesado en ello.*

40. **Irish**   How easy is success to those who are true to themselves.

    Irlandés   *Qué fácil es triunfar a quienes son fieles a sí mismos.*

41. **German**   You must do the thing you think you cannot do.

    Alemán   *Tienes que hacer lo que crees que no puedes hacer.*

42. **Latin**   When fortune smiles, embrace her.

    Latino   *Cuando te sonría la fortuna, abrázala.*

43. **Swedish**   Riches are not the only wealth.

    Sueco   *La riqueza no es la única fortuna.*

44. **Mexican**   It depends on you to make your work a heavy burden or a masterpiece.

    Mexicano   *De ti depende hacer de tu trabajo una pesada carga o una obra de arte.*

❧❧❧

45. **Chinese**   Concentration is the source of strength in all management of human affairs.

    Chino   *La concentración es la fuente de la fuerza en el manejo de los asuntos humanos.*

❧❧❧

46. **Italian**   Through perseverance the snail reached the ark.

    Italiano   *Con perserverancia, el caracol llegó al arca.*

❧❧❧

47. **American**   Everyone has a special gift.

    Americano   *Todos tienen un don especial.*

❧❧❧

48. **Swiss**   A commitment to excellence and a rejection of mediocrity is the way of attaining greatness.

    Suizo   *Un compromiso con la excelencia y el rechazo a la mediocridad, constituyen el camino para alcanzar la grandeza.*

❧❧❧

49. **Jamaican**   The more you know yourself the better you will know your destiny.

     Jamaiquino   *Entre más te conoces, entenderás mejor tu destino.*

50. **Chinese**   Do more by doing less.

     Chino   *Haz más haciendo menos.*

51. **Jewish**   To gain that which is worth having, it sometimes may be necessary to lose something else.

     Judío   *Para ganar aquello que vale la pena obtener, a veces puede ser necesario perder otra cosa.*

52. **Scottish**   Spend, but spend wisely.

     Escocés   *Gasta, pero gasta sabiamente.*

53. **American**   Women are natural born leaders.

     Americano   *Las mujeres son líderes naturales.*

54. **English**   What's good for the goose is good for the gander.

   Inglés   *Lo que es bueno para la gansa es bueno para el ganso.*

---

55. **Japanese**   Success gravitates towards those who are perceived to be successful.

   Japonés   *El éxito gravita alrededor de los que se perciban exitosos.*

---

56. **Persian**   Women should receive a superior education to educate their children to become human beings of superior quality.

   Persa   *Las mujeres deben de recibir una educación superior para educar a sus hijos, a fin de que éstos sean seres humanos de calidad superior.*

---

57. **Spanish**   Nothing is learned without a little work.

   Español   *Nada se aprende sin un poco de trabajo.*

---

58. **American**   Let everything you do be done as if it makes a difference.

   Americano   *Haz todo con la finalidad de que marques una diferencia.*

59. **Mexican**   The woman who is sure of herself isn't afraid to take a stand.

     Mexicano   *La mujer que está segura de sí misma no es recatada.*

❧❧❧

60. **German**   Always aim for achievement and forget about success.

     Alemán   *Siempre apunta hacia la hazaña y olvida el éxito.*

❧❧❧

61. **Spanish**   Diligence is the mother of good fortune.

     Español   *La diligencia es la madre de la buena ventura.*

❧❧❧

62. **English**   You may have to fight a battle more than once to win it.

     Inglés   *Tal vez tengas que luchar la batalla más de una vez para ganarla.*

❧❧❧

63. **Latin**   We don't have little time, we just waste too much.

     Latino   *No tenemos poco tiempo, es sólo que perdemos demasiado.*

❧❧❧

64. **Greek**   In admiring greatness, we rise to it's level.

     Griego   *Al admirar la grandeza nos ponemos a la altura de ella.*

❧❧❧

65. **American**   Life is either a daring adventure or it is nothing.

     Americano   *La vida es o una aventura atrevida o nada.*

66. **American**   If you can't be the sun, be a star but be the best star you can be.

     Americano   *Si no puedes ser el sol, sé una estrella, pero sé la mejor que puedas ser.*

67. **English**   Only the best persons have always enjoyed relaxation.

     Inglés   *Sólo las mejores personas han disfrutado siempre del descanso.*

68. **Spanish**   She who knows pain, knows it all.

     Español   *Quien sabe de dolor, todo lo sabe.*

69. **Hindu**   If you want self-esteem, it is enhanced when we walk the mystical path with practical feet.

     Hindú   *Si quieres auto-estima, es loable que andes el camino místico con pies prácticos.*

70. **Irish**   If you don't have a plan for yourself, you'll be a part of someone else's.

    Irlandés   *Si no tienes un plan para ti misma, serás parte del plan de otro.*

71. **Mexican**   If you know how to command with love, you will be obeyed with pleasure and respect.

    Mexicano   *Si sabes mandar con amor, serás obedecido con agrado y respeto.*

72. **French**   Confidence in being triumphant is part of success.
    Francés   *La confianza en el triunfo es parte del éxito.*

73. **English**   Success simply means to follow through.
    Inglés   *El éxito significa simplemente seguir hasta el final.*

74. **Turkish**   Success is doing what you love and loving what you do.
    Turco   *El éxito consiste en hacer lo que amas y amar lo que haces.*

75. **Italiano**   Fortune is a woman.

    Italiano   *La fortuna es mujer.*

76. **Mexican**   One of the greatest sources of energy is to feel pride in what we do.

    Mexicano   *Una de las más grandes fuentes de energía es sentir orgullo por lo que hacemos.*

77. **Japanese**   Improve your time and your time will improve you.

    Japonés   *Aprovecha tu tiempo y éste te mejorará.*

78. **American**   People rarely succeed at anything unless they are having fun doing it.

    Americano   *La gente rara vez tiene éxito en algo a menos que se divierta al hacerlo.*

79. **Venezuelan**   Be true to your dreams.

    Venezolano   *Sé fiel a tus sueños.*

80. **Mexican**   Go where you are appreciated more.

    Mexicano   *Vas a dónde valgas más.*

---

81. **American**   The future is no time to plan your future.

    Americano   *El futuro no es el tiempo para planear tu futuro.*

---

82. **French**   To sit some place you have never sat before is inspiring.

    Francés   *Sentarse en algún lugar en el que nunca te has sentado es inspirador.*

---

83. **Italian**   There are no short cuts to a place that's worth getting to.

    Italiano   *No hay atajos para el lugar al que vale la pena llegar.*

---

84. **American**   Living is so fascinating that there is very little time left for anything else.

    Americano   *Vivir es tan fascinante que queda poco tiempo para otra cosa.*

---

85. **Latin**   Man and woman is something that is to be surpassed.

    Latino   *El hombre y la mujer son algo que tiene que ser superado.*

86. **Chinese** That person is a success who has gained the respect of the intelligent and the love of children.

   Chino *Una persona es exitosa cuando ha ganado el respeto de los inteligentes y el amor de los niños.*

87. **American** If the day and the night are such that you greet them with joy, that is your success.

   Americano *Si el día y la noche son tales que los recibes con alegría, eso es tu éxito.*

88. **American** Life in the fast lane begins at 6 a.m.

   Americano *La vida en el carril de alta velocidad empieza a las 6 a.m.*

89. **Latin** Follow through every act as if it was the last of your life.

   Latino *Lleva a cabo todos tus actos como si fuese lo último de tu vida.*

90. **African** Sometimes you have to go out on a limb because that's where the fruit is.

   Africano *A veces tienes que trepar sobre la rama porque ahí está la fruta.*

91. **Chinese**   Make your whole year's plans in the spring, and your day's plans early in the morning.

    Chino   *Haz tus planes del año en la primavera, y tus planes del día por la mañana.*

✎✎✎

92. **Brazilian**   If you dare you have a chance. If you do not dare, you don't have a chance.

    Brasileño   *Si te atreves, tienes una oportunidad. Si no te atreves, no tienes ni una.*

✎✎✎

93. **Chinese**   Education is not a preparation for life, education is life itself.

    Chino   *La educación no es la preparación para la vida, la educación es la vida misma.*

✎✎✎

94. **Hindu**   Keeping quiet and silent makes one mature.

    Hindú   *Mantenerse tranquilo y en silencio, hace que uno madure.*

✎✎✎

95. **American**   We can never consent to creep when we feel an impulse to soar.

    Americano   *No podemos estar de acuerdo con arrastrarnos cuando sentimos el impulso de volar.*

✎✎✎

96. **Latin** The successful person will make more opportunities than she finds.

    Latino *La persona exitosa creará más oportunidades de las que encuentra.*

97. **Italiano** The desire to progress is in itself a progress.

    Italiano *El deseo de progresar es en sí un progreso.*

98. **Mexican** When love and talent colaborate, a masterpiece can be expected.

    Mexicano *Cuando colaboran el amor y el talento, puede esperarse una obra maestra.*

99. **English** Now, is the perfect time of my life.

    Inglés *Ahora, es el tiempo perfecto de mi vida.*

100. **Russian** Success is not in things, but in us.

    Ruso *El éxito no está en las cosas, está en nosotros.*

101. **Chinese**   There is no reason why we should not change and develop until the last day of our lives.

     Chino   *No hay razón por la que no debiéramos cambiar y desarrollarnos hasta el último día de nuestras vidas.*

༺࿐༻

102. **American**   You should leave the world a little bit better than the way you found it.

     Americano   *Debes dejar el mundo un poco mejor de como lo encontraste.*

༺࿐༻

103. **Polish**   I'm only one person, but yet I am someone. I can't do everything, but yet I can do something.

     Polaco   *Soy solamente una persona; pero aún soy alguien. No soy capaz de hacerlo todo, pero aun así soy capaz de hacer algo.*

༺࿐༻

104. **German**   Happiness and love are the wings of great endeavors.

     Alemán   *La alegría y el amor son las alas de las grandes empresas.*

༺࿐༻

105. **Jewish**   It's better to have a lot to do than nothing to do.

     Judío   *Es mejor tener mucho que nada por hacer.*

༺࿐༻

106. **Persian** A problem is an opportunity to grow.

  Persa *Un problema es una oportunidad para crecer.*

107. **Chinese** She who can attain patience, can have anything she wants.

  Chino *Quien tiene paciencia, puede lograr todo lo que desee.*

108. **Chinese** To succeed, consult three old people.

  Chino *Para tener éxito, consulta a tres ancianos.*

109. **Hindu** Do not confuse success with wealth.

  Hindú *No confundas el éxito con la riqueza.*

110. **American** The most important things in life are not things.

  Americano *Las cosas más importantes de la vida no son las cosas.*

111. **Mexican** One today is worth two tomorrows.

  Mexicano *Un hoy vale más que dos mañanas.*

112. **Latin**   In all things it is the first start which is hard.

     Latino   *En todas las cosas, el principio es lo más difícil.*

113. **English**   Success begets more success.

     Inglés   *El éxito engendra más éxito.*

114. **Spanish**   Moving ahead slowly is the key to success.

     Español   *Apresúrate lentamente, ésta es la clave del éxito.*

115. **Mexican**   Who doesn't risk, doesn't win.

     Mexicano *Quien no arriesga, no gana.*

116. **American**   Behind every successful man there is a successful woman.

     Americano *Atrás de cada hombre exitoso hay una mujer exitosa.*

117. **English**   People like to be around successful people.

     Inglés   *La gente gusta de estar alrededor de las personas exitosas.*

118. **Spanish**   Never compare your success with someone else's.
     Español   *Nunca compares tu éxito con el de los demás.*

⧼⧽

119. **Arabic**   Be enthusiastic about the success of others.
     Árabe   *Sé entusiasta del éxito de los demás.*

⧼⧽

120. **American**   Every successful person had a plan.
     Americano   *Cualquier persona exitosa tuvo un plan.*

⧼⧽

121. **American**   To be successful, let the other person feel important.
     Americano   *Para tener éxito deja que la otra persona se sienta importante.*

⧼⧽

122. **Hindu**   To keep a lamp burning we have to keep putting oil in it.
     Hindú   *Para mantener una lámpara encendida tenemos que seguir poniendo aceite en ella.*

⧼⧽